LITERATURA CUBANA DE LOS SIGLOS XIX Y XX

(Del Casal y Martí, Guillén y Lezama Lima, entre otros)

COLECCIÓN POLYMITA

EDICIONES UNIVERSAL, Miami, Florida, 2022

Carlos Manuel Taracido

LITERATURA CUBANA DE LOS SIGLOS XIX Y XX

(Del Casal y Martí, Guillén y Lezama Lima, entre otros)

Copyright © 2022 by Carlos Manuel Taracido

Primera edición, 2022

EDICIONES UNIVERSAL
P.O. Box 450353 (Shenandoah Station)
Miami, FL 33245-0353. USA
(Desde 1965)

e-mail: ediciones@ediciones.com
http://www.ediciones.com

Library of Congress Catalog No.: 2021952045
ISBN: 978-1-59388-329-4

Composición de textos: María Cristina Zarraluqui

Diseño de la cubierta: Luis García Fresquet

En la cubierta: De izquierda a derecha, arriba: José Ángel Buesa, Nicolás Guillén, José A Ramos y José M. Heredia.
Segundo grupo en el medio, de izquierda a derecha: Guillermo Cabrera Infante, Julián del Casal, Cirilo Villaverde y José Martí.
Debajo, de izquierda a derecha: Plácido, José Lezama Lima y Carlos Loveira.

Todos los derechos
son reservados. Ninguna parte de
este libro puede ser reproducida o transmitida
en ninguna forma o por ningún medio electrónico o mecánico,
incluyendo fotocopiadoras, grabadoras o sistemas computarizados,
sin el permiso por escrito del autor, excepto en el caso de
breves citas incorporadas en artículos críticos o en
revistas. Para obtener información diríjase a
Ediciones Universal.

Índice

Introducción 9

Carlos Loveira Chirino 14

Tres tristes tigres de G. Cabrera Infante............................. 20

José Lezama Lima: entre la poesía y la retórica 30

José Ángel Buesa, romántico por excelencia 41

José Martí, el enamorado 44

José María Heredia 47

La décima cubana 52

La poesía en el romanticismo cubano: Plácido................. 58

La única novela martiana 62

La metáfora en *Paradiso* 69

Una leyenda afrocubana 82

Nicolás Guillén 85

Lezama Lima: la cultura y la historia 88

Martí en la obra de Lezama Lima 97

El libre albedrío: Ante el yugo y la estrella 102

José Martí y el uso figurativo de la historia.................... 105

El razonamiento deductivo poético en *Paradiso* 108

Antecedentes históricos de la poesía afrocubana........... 124

José Antonio Ramos, dramaturgo cubano 133

Julián del Casal, la definición de su personalidad. 138

Cirilo Villaverde 148

Concierto barroco de Carpentier...................................... 154

Introducción

TODA literatura necesariamente refleja la contextura mental, el perfil espiritual y las circunstancias históricas del pueblo que la produce como medio expresivo y estético. De aquí que las letras de la América hispana, aunque procedentes de un origen común, alcancen configuración individualizada y fisonomía propia, según las características psicológicas y las condiciones ambientales de los diversos grupos lingüísticos y aun de los diferentes países de habla española.

En la literatura cubana se cumple esta ley de autoctonía dentro de la unidad. La república caribeña, ha custodiado su patrimonio lingüístico y acrecentado su producción literaria como una de las fuentes más dadivosas de su cultura, aportando así a la universalidad hispana su contribución de individualidad fecunda. A lo largo de su devenir histórico, Cuba ha presenciado el confluir de diversas formas culturales. En su ámbito físico y humano se han confundido múltiples resonancias, que han seguido el ritmo de los vaivenes de la historia —acentos inicialmente indígenas, españoles y africanos, y, con posterioridad, franceses, norteamericanos y de otras varias procedencias—. No obstante, el genuino espíritu cubano se vivifica con el hálito de la hispanidad, que fluye por los cauces de la lengua, la religión, la sangre y la tradición, tanto cultural como social.

Tres son las características más salientes de las letras cubanas:

En primer lugar, el reflejo del panorama típico de la Isla —sus lentos ríos y altas montañas; su feraz y amena campiña, donde señorea por su airosa altivez la palma real; el sol que se derrama en cascadas de luz resplandeciente; el mar de azul luminoso, que ciñe de olas y espuma el contorno de la tierra cubana y sus serenos horizontes que se diluyen en la lejanía, limitados por el Océano y el perenne verdor de la sabana—. Todo coopera a imprimir en la poesía cubana un sello de plenitud telúrica, de tropical emotividad y de perceptible gozo vital.

En segundo término, la literatura cubana del siglo XIX posee un aspecto propio e inconfundible, que la diferencia de las letras de las restantes naciones de la América española. Mientras éstas conquistaron su independencia de la metrópoli en los albores del siglo, Cuba continuó empeñada en tenaz campaña libertaria hasta las postrimerías del mismo. Por esta razón, la casi totalidad de la producción literaria cubana del XIX se caracteriza por la presencia, a veces exacerbada, del sentimiento político y del ansia de libertad.

El tercer carácter fundamental reside en la exuberancia poética. Cuba es una de las tierras americanas más pródigas en bardos, por lo que su parnaso ha sido uno de los más selectos y ricos del Nuevo Mundo. Como prueba de la fecundidad del estro cubano, es suficiente recordar algunas figuras que individualmente pudieran dar lustre a un siglo, y que han enriquecido en forma notoria el caudal literario español. Hacen honor a estas características escritores como José Martí, José María Heredia, Nicolás Guillén, José Lezama Lima, Guillermo Cabrera Infante y otros.

Tras la independencia la novela contó con Carlos Loveira Chirino, y el cuento con Luis Felipe Rodríguez, Enrique Labrador Ruiz y Lino Novás Calvo. El acento folclorizante lo puso Lydia Cabrera. En el ensayo antropológico y crítico, hay que reseñar a Fernando Ortiz y Medardo Vitier.

La vanguardia se expresó en la relevante Revista de Avance (1927-1930), de la que surgieron Juan Marinello, Jorge Mañach, y el fundamental novelista Alejo Carpentier.

En 1940 apareció el grupo de la Revista Orígenes, de inspiración católica y preocupación cubanista, cuyo líder fue José Lezama Lima, y en el cual se integran Gastón Baquero, Octavio Smith, Cintio Vitier, Fina García Marruz y Eliseo Diego.

En los años 60 sobresalió Guillermo Cabrera Infante entre otros. Cuba llegó tarde a la hora de la literatura en lengua española si la comparamos con otras colonias españolas, pero en menos de dos siglos ha ocupado un lugar importante entre los países de nuestro idioma.

En los ensayos incluidos en este libro me concentro en un pequeño grupo de escritores de gran relevancia e influencia en la literatura cubana.

Literatura cubana de los siglos XIX y XX

Plácido

José María Heredia

José Martí

Carlos Loveira Chirino

Uno de los escritores más relevantes de principios del siglo XX en Cuba. Nació en Las Villas en 1882 y murió en La Habana en 1928. Fue miembro de la Academia Nacional de Artes y Letras y miembro fundador de la Academia Cubana de la Lengua.

Las novelas de Loveira pertenecen al realismo naturalista y psicológico. Cultiva un naturalismo crudo, pero atractivo, con un estilo muy personal: claro, directo y cortado, apropiado a lo que cuenta, siempre en defensa de sus fines ideológicos. En sus obras, la humanidad más castigada se mezcla con el rencor y con la angustia. Es el escritor que temperamentalmente más se asemeja a Émile Zola en todo el continente americano.

La narrativa que abre el siglo XX en Cuba se caracteriza, en efecto, por una atención sostenida al problema de la norma lingüística cubana —aun cuando estos narradores no tuvieran noción científica acerca de qué es norma lingüística—. Carlos Loveira es uno de esos escritores en los que se advierte una nueva actitud frente al lenguaje, quien puede ser considerado representativo de la sensibilidad lingüística que en ese momento se instaura.

Uno de los valores exaltados en su novela *Generales y doctores* es la estratificación idiomática, en la que se combinan dos normas lingüísticas: la peninsular y la cubana —coexistentes en un país que fue el último en independizarse de España—. En relación con estos elementos lingüísticos de la norma peninsular —cuya supervivencia era por completo comprensible en la época—, Loveira no convoca en vano en su texto, ni da entrada por error en su novela, a la norma «castiza» —como por momentos le ocurrió a Cirilo Villaverde—. Cuantas veces la invoca, el elemento lingüístico está en función del valor histórico-genético de *Generales y doctores*; es decir, del sentido objetivo de la novela en relación con el contexto histórico en que surgió: está aún muy reciente la contienda contra la metrópoli colonial, y buena parte de la trama narrativa transcurre en los años que anteceden a la independencia. El novelista refleja aquí una actitud generalizada desde la primera mitad del siglo XIX: ya Ramón Roa contaba del colegio La Empresa, donde estudiara siendo niño, que los maestros hacían punto de honor criollo el exigir de sus alumnos una pronunciación cubanizada, ajena al castizo ceceo, símbolo distintivo de los amos coloniales.

Por otra parte, en el momento en que sale a la luz *Generales y doctores*, subsiste —rezago del ayer colonial, pero también efecto de la numerosa inmigración que, proveniente de la antigua metrópoli, se vierte sobre Cuba desde fines del siglo XIX hasta bien avanzado el XX— la presencia, bien que desfalleciente y considerada incluso pintoresca, del modo de hablar ibérico —de aquí su supervivencia como elemento de caracterización de personajes en la literatura cubana del nuevo siglo—.

Puesto a describir la patria, la lengua es para Loveira un elemento más a convocar en su novela, y, en determinados pasajes —en los cuales se decide a una especie de tímida trascripción fónica, en general torpe y rudimentaria —, el novelista pone la palabra en función de sí misma, orientando la atención del receptor hacia el código lingüístico como factor que integra también la realidad reflejada en la novela.

En el tratamiento de la norma peninsular, Loveira apela tanto a la selección léxica con un matiz irónico (así, un personaje dice: «¡Oigan! A ver si respetan a sus padrastros, doncellos; que es saluz para los morros»), (1) como también evidencia una percepción del lenguaje mismo como objeto de atención narrativa: «Cantaban unos férreos pulmones de macizo ferretero, que estremecían aquellos contornos con los olés y demás estribillos de sus trovas, monótonas y chocantemente alargadas en las sílabas forales» (2). Pero es en el habla de la Isla donde Loveira despliega una mayor riqueza en la elaboración del texto. *Generales y doctores* aborda la jerga popular urbana en expresiones de atinado gracejo y eficiencia en el retrato lingüístico de personajes —frases hechas, lugares comunes, coloquialismos, cubanismos—. Su interés por la jerga popular —puesta en boca, sobre todo, de personajes que lindan con lo marginal— no se presenta de manera casual.

En *Juan Criollo* se encuentran varias referencias al lenguaje hablado en la vida cotidiana.(3) Loveira se interesa por caracterizar lingüísticamente a personajes que aparecen, de un modo u otro, vinculados con la bodega —americanismo por «abacería», devenido aquí cronotopo(4) de lo popular, e, incluso, de lo populachero—, porque ella es un espacio en el cual el novelista sintetiza determinados vicios de la sociedad criolla, de tal manera que en estas dos novelas aparecen como umbral de la marginalidad y la delincuencia. Las caracterizaciones del cubano sobre la modalidad lingüística cubana alcanzan solamente a particularizar de modo sintético determinados ambientes de extrema penuria económica y moral, y se materializan en la apócope de preposiciones, alguna muestra léxica, alguna imitación de peculiaridades fónicas.

Del mismo modo trabaja por reflejar características del habla campesina, por la vía del léxico tanto como por la presentación de fenómenos fónicos (aspiración de silbante, supresión de ella a final de palabra, etc.), aunque, en este último caso, no acierta a presentar hechos que diferencien el habla campesina del habla urbana marginal. En resumen, a pesar de las apariencias, y de su agudo sentido de captación del lenguaje, no se puede observar en ella «todas las inflexiones y giros del habla popular», sino un acercamiento, eso sí, de mayor intensidad que en el siglo XIX. Se diría, en una lectura superficial, que Loveira presta oído en sus novelas al modo de hablar de la población negra. Pero la caracterización lingüística no es, en última instancia, racial.

Por el contrario, en *Juan Criollo*, personajes mestizos que han tenido acceso a una educación al menos elemental, se expresan con una corrección superior al blanco Juan Criollo, formado en la calle y la bodega. Es así que, aun cuando se puede convenir en que los matices lingüísticos en su narrativa se orientan a veces en un sentido pintoresquista, no cabe duda de que Loveira ha buscado trazar —al menos en un nivel superficial— zonas principales de la diversidad social del español hablado en Cuba entre fines del siglo XIX y comienzos de la centuria siguiente.

Esto es una ganancia neta respecto de las tendencias generales de la narrativa criolla durante la colonia: significa la conquista de un espacio idiomático mayor y, sobre todo, la trasgresión del límite que, en el siglo XIX, había tendido a encerrar al escritor en las fronteras de un idioma «correcto».

Loveira se detiene con mayor frecuencia en enunciados destinados a la caracterización lingüística de personajes afrocubanos. Esto está causado por una razón que no es, en lo hondo, la de reflejar lingüísticamente a un grupo racial, sino, por el contrario, tiene que ver con su interés en retratar a la masa de desposeídos en la sociedad de su época, grupo en el cual los negros y mestizos tenían un peso específico muy alto. Se trata, por tanto, de una suerte de estratificación social del lenguaje en sus novelas; a pesar de las deficiencias que revela en ello, no se puede negar ni el valor —a la vez estético y ético— del intento, ni que está tratando de conformar un modelo del lenguaje con un mayor alcance. Por eso presta atención concentrada a espacios característicos de ciertos tipos de estratos del lenguaje: tanto a la bodega, como al casino de pueblo —espacio social de gran importancia en los años veinte—, caracterizado claramente desde el punto de vista del lenguaje que en él se habla: «cartas paseadas», «veinte entre veinte», «la tapa», «gurrupié» —galicismo corrupto por croupier—, «cada para el siete», «retranca», etc. Loveira disfruta de forma perceptible al recrear el lenguaje pintoresco de los casinos de pueblo chico, donde esas expresiones lingüísticas se convierten en objeto mismo de la narración.

El aparente divertimento lingüístico busca, pues, ahondar en la descripción pintoresquista del casino. Los textos de Loveira evidencian una especial sensibilidad, pero también un interés estilístico tangible, para las peculiaridades del habla popular cubana, que el autor trata de reflejar gráficamente. De este modo, en su narrativa puede identificarse una amplia variedad de casos diversos de habla popular; ante todo, los que tienen que ver con una percepción fónica: adición de vocal a principio de palabra —«abaja», por «baja»—; cambio de una vocal por otra —«semos» por «somos»—;

aféresis —«la Bana» por «La Habana»—; metátesis —«naiden» por «nadie»—; asimilación de semivocal en posición foral —«mu» por «muy»—; fenómenos consonánticos, tales como asimilación de consonantes en posición final —«pue» por «pues», aféresis —«escampado» por «descampado»—, aparición de aspiración a principio de palabra —«jierro» por «hierro»—, metátesis —«drento» por «dentro»—, prótesis —«despedicionario» por «expedicionario»—, cambio de lateral por vibrante o viceversa —«órgano» por «órgano»; «revorvito» por «revolvito»—.

Del mismo modo, presta atención a fenómenos de fonosintaxis, apócopes de sílaba, fenómenos de acentuación. A esos elementos de carácter fónico pueden añadirse otros de índole morfológica, del tipo de «dende», «me se parecía», etc. Y, por supuesto, los cubanismos se despliegan en sus textos con una gran intensidad y variedad, tanto a nivel de los sustantivos como de los verbos. A ello se suman americanismos —por citar solo algunos ejemplos, «jipijapa», «henequenal», «huache», «hipil», «mistela, etc.—.

Loveira, además, se lanza a la creación de neologismos. No se trata ya de aprovechar y reflejar el habla popular, sino también de emplear vocablos de inusitada o poco habitual formación. Esto es un síntoma más tanto de la sensibilidad lingüística de Loveira, como de su trabajo con la palabra en función de la construcción del texto. Gracias a Loveira, otros escritores se encargarán de consolidar la configuración de un lenguaje literario que aprovechase con soltura las resonancias lingüísticas de diversos estratos de la sociedad cubana. Con Loveira, la narrativa de las primeras décadas de la República, por tanto, abre a la escritura literaria el caudal de peculiaridades del español hablado en la Isla. Esta apertura, que se produce ante todo en las formas del relato, será aprovechada más tarde —con más de veinte años de retraso— por la poesía, que, por la vía de la moda negrista, terminará por asimilar al texto literario en su conjunto las voces diversas de la nación cubana, y preparan el camino para la futura explosión del neobarroco literario.

Notas

(1) Carlos Loveira: *Generales y doctores*, La Habana, Ed. Letras Cubanas (Dominio Público), 1984, p. 59.

(2) Ibid., p. 58.

(3) Carlos Loveira: *Juan Criollo*, Ediciones Universal, Miami, 2013, p. 28.

(4) Se conoce como cronotopo (del griego: kronos = tiempo y topos = espacio, lugar) a la conexión de las relaciones temporales y espaciales asimiladas artísticamente en la literatura.

Bibliografía

La Jiribilla, Revista digital de cultura cubana, Memorias: Carlos Loveira: Literatos y editores

La Jiribilla, Revista digital de cultura cubana, artículo: Carlos Loveira: aquel joven desconocido. Por Leonardo Depestre

Academia Cubana de la Lengua, Historia

Carlos Loveira. Biografías y vidas.
http://www.biografiasyvidas.com/biografia/l/loveira.htm

Carlos Loveira y Chirinos. Enciclopedia de Historia y Cultura del Caribe.
http://www.encaribe.org/es/article/carlos-loveira-ychirino/626

Riis Owre J. 1965. Carlos Loveira, novelista cubano que previó la tragedia. AIH.

Actas II, Centro Virtual Cervantes. http://cvc.cervantes.es/literatura/aih/pdf/ 02/aih_02_1_044.pdf

Tres tristes tigres de G. Cabrera Infante

Bustrófedon de *Tres tristes tigres* (1) empieza, como don Quijote, con un nombre tan fácil de olvidar que no se recuerda en el texto, y escoge uno nuevo en un libro, en su caso el diccionario. En un mundo en plena desintegración la identidad personal está también en peligro y el silogismo implícito de este personaje será el siguiente:

A) el mundo es creado por el lenguaje; B) yo soy una parte de dicho mundo; C) yo soy creado por el lenguaje. El corolario es: Si logro ser inmortal será a través del lenguaje. Por eso Bustrófedon, quien «quiso ser el lenguaje» (1), escoge una figura retórica como nuevo nombre. Esta figura retórica se refiere a la posibilidad de escribir en dos direcciones, y su autor llama a Bustrófedon «the two-way man» (2). El hecho es que el héroe tradicional descrito por Joseph Campbell se llama «Master of Two Worlds» (3), el físico y el metafísico.

Bustrófedon teme «pasar al otro lado del espejo» sin poder volver, y espera que, como una forma del lenguaje que se mueve en ambas direcciones, pueda volver a la vida. Se puede decir que sobre la estructura básica de su ser él ha establecido una elaboración que pertenece al mundo de las formas que no cambian.

Pero como héroe él también se encuentra encargado de la tarea de derramar su supuesto poder sobre su pueblo. Así, por ejemplo, un amigo cuyo nombre no aparece en el texto se convierte en Códac, porque es fotógrafo, y dice de Bustrófedon, «Encubrió mi nombre prosaico, habanero con la poesía universal y gráfica» (p. 221). El nombre en cuestión es un cierto Korda, fotógrafo y amigo de Cabrera Infante. Relacionado al reino inmortal por el lenguaje creador, la persona debe poder sobrevivir. Este es el caso también de Ribot, bongosero sin suerte, cuyo nombre, en manos de Bustrófedon, se convierte en Eribó, nombre del dios supremo del culto religioso afrocubano, quien es supuesta inmortal. Es decir, el propósito de Bustrófedon es elevarlos al nivel de la inmortalidad al darles nombres universales y por lo tanto inmortales.

En la ideología de *Tres tristes tigres* lo único perdurable es el lenguaje, y el sentido neobarroco que le da el autor en su juego constante con las palabras, en un intento de probar todas las las variaciones posibles, revela una creencia de que del lenguaje surge el único cosmos eterno y que, por lo tanto, una palabra confusa no es más que otra manifestación de la massa confusa de los alquimistas —la materia prima de la cual surgió el mundo en la primera instancia—. O por lo menos ésta es la esperanza de Bustrófedon, y él ha contagiado a sus amigos, menos a Arsenio Cué, cuya esperanza está en los números. Por ejemplo, Códac, aunque fotógrafo, decide que una de las palabras de Bustrófedon vale por mil imágenes (p. 219), y Silvestre, descrito varias veces como «el discípulo», narra el último tercio del libro en el estilo del maestro. Hasta Cué, borracho, se mete en el loco juego de palabras de «Bachata». ¿Y qué ha logrado Bustrófedon al negarse a dejar su identidad donde estaba, construyendo sobre ella una estructura barroca de palabras en su intento de «ser el lenguaje»? En un sentido ha logrado su propósito, porque todo lo que tenemos de él es su existencia lingüística en el libro: en efecto Bustrófedon es su palabra, y así es inmortal, por lo menos si la novela lo es. Y no es raro si recordamos que Miguel de Unamuno declara que don Quijote posee más vida que Cervantes, siendo el uno un hombre de carne y hueso y el otro un compuesto de meras palabras.

Y ésta es la teoría de Cabrera Infante: que cualquier personaje que entra en el texto, sea de carne y hueso o completamente inventado, es ficticio. El autor nos advierte desde el principio que todo lo que tenemos son voces, y luego nos da una serie de pruebas, una de ellas en el segmento titulado «Los visitantes». En una entrevista el autor dijo, «The game played with 'The Visitors' is practically central to the book, which is either gained or lost right here» (4). Es que aquí se construye un personaje distinto del presentado en el prólogo, y luego se lo destruye en el acto, solamente para presentarlo al final completamente distinto. Las diferentes presentaciones de William Campbell desde el principio, con su constante transformación proteica, deben servir de advertencia, pero al llegar al momento culminante, hay la tentación de creer que esta vez sí hemos llegado a la verdad del caso Campbell, es decir al tema cuyas variantes se han desarrollado a través de la narrativa. Silvestre saca de su bolsillo un recado del editor de Carteles, quien firma solamente «GCI» (pp. 438-39). Se supone que por fin el autor, bien conocido como «GCI», se ha metido en el texto como portador de la verdad en cuanto a Campbell y a la confusión de «Los visitantes» en general. Pero éste no es el caso, porque ya se le ha advertido al lector que el que aparece en el libro es personaje de ficción, y lo que trae consigo es igualmente ficticio.

Hay que notar primeramente que cualquier autor es libre para inventar detalles verosímiles en cuanto a sus personajes, y el curriculum vitae de Campbell lo es: es profesor de literatura hispánica en una universidad de Baton Rouge, Louisiana; ha escrito varios libros; la ocasión de su visita a Cuba que produjo la materia de su cuento fue un artículo que escribió para Sports Illustrated sobre la «Havana Sports Car Rally». Esto es verosímil pero no verídico. A fin de cuentas, William Campbell es un ser hecho de palabras, tanto como «GCI» y Rine Leal, inventor de la pésima traducción del cuento de Campbell y las correcciones de su esposa, pero amigo de Cabrera Infante en la vida real.

Uno de los problemas claves del recado es el desdoblamiento de la imagen del autor en él. Silvestre posee características que obviamente corresponden a las del autor: es bajo y algo grueso, tiene problemas con la visión, es escritor, trabaja para Carteles. Pero ¿qué sucede con «GCI», editor de Carteles? Es otro truco del autor para recordar al lector que absolutamente todo es ficción y que no hay que fiarse de una serie de coincidencias. Para nuestros propósitos lo importante es notar que se trata de otro caso barroco: la presentación de un tema, el de un personaje semejante a lo que conocemos del autor, y una variante del mismo, que es otro personaje que corresponde aún más a dicho autor, pero absolutamente capaz de fabricar una mentira, puesto que toda ficción es una mentira creadora.

Las variantes sobre el tema de la realidad de Campbell, como ya se ha dicho, aparecen en lo que dice el MN del Tropicana de él y lo que Campbell dice de sí mismo en «Los visitantes», con los comentarios de su esposa en la misma sección. Esencialmente, el MC inventa una biografía breve para el personaje; Campbell la modifica radicalmente, y la esposa (inventada por Campbell para el cuento) la cambia aún más. Lo que tenemos, pues, es un personaje completamente inventado, pero, al parecer, una persona real fuera de los límites de la narrativa: éste es el tema.

Luego el MC, no sabiendo nada más que el nombre del personaje, pero, para darle interés a su serie de presentaciones, da una impresión de dicho personaje muy distinta.

Más tarde, el personaje habla por sí mismo y modifica lo dicho, dejando que otro personaje inventado por él modifique lo que Campbell dice. Solo al final se le da al lector la estructura básica del personaje, y eso solo desde el punto de vista establecido por Silvestre; es decir, que según la realidad de ficción inventada por Silvestre, William Campbell posee las características descritas por «GCI». En este caso también se percibe una estructura básica lingüística con varios niveles de elaboración, aunque aquí se le da al lector la elaboración antes que lo básico, para quitar lo falso varias veces antes de llegar al final, donde la última trampa lo invita a creer otra mentira. Lo importante es que la estructura entera se deshace si no se la acepta exactamente como lo que es: una fabricación del lenguaje.

La Estrella es otro personaje que se elabora de esta manera. Su «estructura básica» es la de una mulata gorda, de mucha carne y hueso abundante, que cantó en La Habana en la época en cuestión. Su fotografía aparece en el sobre de un disco suyo que lleva el título «Freddy». La elaboración empieza cuando Cabrera Infante le cambia el nombre a «Estrella», indicación evidente de su destino. Ella misma lo subraya al denominarse «La Estrella». El hecho que lleva a este personaje al nivel de un fenómeno cósmico es su encuentro con el fotógrafo Códac, narrador de la sección titulada «Ella cantaba boleros». El lector se encuentra inmerso en una visión dominada por la imagen visual, aunque esto cambia por completo después.

El recurso estructurante fundamental de la visión un tanto borrosa de Códac borracho es el del «mundo al revés», y para este fotógrafo esto significa una imagen fotográfica negativa. Por eso casi resulta un choque antológico cuando Códac encuentra a La Estrella por primera vez. Silvestre declara que la búsqueda antológica de Códac se basa en el deseo de que todas la mujeres tengan una sola vagina (p. 318); es decir que tiene la obsesión de unirse sexualmente con todas las mujeres a la vez. La noche del encuentro, él e Irenita están besándose frenéticamente en la oscuridad de un cabaret. Irenita representa un extremo de lo femenino: es diminuta, rubia y artificial, una creación de la luz. Desde este punto de vista, en la oscuridad, Códac súbitamente percibe a La Estrella en la luz de la escena, y su mundo se vuelve al revés. Es un caso de lo que Platón llama la enantiodromía: la conversión de una entidad en su opuesto cuando llega al extremo.

Desde este momento La Estrella se presenta a través de la voz de Códac, y es una voz cada vez más alucinada, porque para el fotógrafo ella es la suma de todas la mujeres, la Madre Tierra. El problema es que, como tal, ella es demasiada mujer para él, y todo termina en una pesadilla para Códac y una muerte icárica, en México, para ella. Sin embargo, en todo eso hay que considerar dos hechos importantes: primero, el hecho de que otra vez se observa una tremenda elaboración lingüística por encima de una estructura básica y, en segundo lugar, que aún dentro de la misma elaboración hay una simplificación progresiva. Lo que ocurre es que mientras se está desarrollando la relación entre el fotógrafo y el fenómeno visual de La Estrella, también se desarrolla otra relación entre Códac y Bustrófedon, en la cual aquel termina diciendo que una de las palabras de éste vale por mil imágenes. Así que empieza como una elaboración visual, y termina en una idea tan sencilla como «La Estrella es su voz» (p. 115), frase también barroca, a su manera, por hiperbólica. Esta es una novela compuesta enteramente por voces, y es justo que al final el personaje considerado central por el autor se reduzca a su voz.

Una parte del libro que recuerda la estructura musical de una composición barroca es «Seseribó». Se empieza por un cuento sencillo tomado del folklore afrocubano, el del dios Ekud y la muchacha Sikan. Ella lo saca del río, él se muere de vergüenza, y las pieles de los dos se convierten en el doble tambor llamado «Seseribó». El tambor hecho de la piel de Sikan no se toca. A continuación hay un cuento más o menos largo narrado por el bongosero Ribot, conocido como Eribó gracias a Bustrófedon. El cuento tiene que ver, en su mayor parte, con el mismo Eribó, Arsenio Cué y Vivian Smith-Corona.

Lo que aparece, entonces, es lo siguiente: A) un personaje cuyo apodo es el nombre del máximo dios del culto religioso afrocubano, nombre que forma parte del «seseribó»; B) otro personaje cuyo nombre es semejante al del dios Ekud y C) un tercer personaje cuyo nombre puede leerse como «Vivían», si se le añade un simple acento.

El cuento es esencialmente el del fracaso social de Eribó, no solo con la rica Vivian, sino irónicamente con la famosa Cuba Venegas, a quien él cree que descubrió cuando ella no era más que Gloria Pérez. «Sic transit Gloria Pérez» es su comentario (p.104). La escena clave, sin embargo, es aquella en que Cué lleva a Eribó al hotel donde vive Vivian y lo deja con ella mientras él charla con otras muchachas. Después Vivian es descrita como una máquina der escribir de vitrina: se mira pero no se toca (p. 109). Ella le revela a Eribó que en efecto ella ha tenido relaciones con alguien, pero que él no debe contárselo a nadie. El cuento termina con las palabras de él: «Seré una tumba» (p. 119).

Parece obvio que el autor quiere presentar el segmento como un tema con sus variantes. La pregunta es en qué sentido la narrativa de Eribó sirve de variante del cuento folklórico. Si Vivian juega el papel de Sikán, hay que averiguar cómo caben Cué/Ekué y Eribó/ Seseribó dentro del esquema. La clave se encuentra, no en el cuento mismo, sino más tarde, en «Bachata», cuando Cué, ya perdidamente borracho, le cuenta a Silvestre cómo Vivian lo sacó de su existencia hermética y lo indujo a acostarse con ella, estando ambos borrachos (p. 433). Es su versión del acontecimiento arquetípico: Sikán sacó a Ekué de su río y Vivian sacó a Cué de su mundo protegido. Es aquí donde Cué tuerce la leyenda para protegerse. Se siente fatalmente atraído por Vivian, pero a la vez le teme. Solamente puede verla empleando al pobre Eribó como una suerte de aislador, otro yo, para él poder seguir «vivo».

Resulta una situación en que, si los participantes siguen vivos, por lo menos el amorfo está bien muerto, y es aquí donde el nombre de la muchacha debe leerse como «Vivían». Si la mitad femenina del seseribó no se toca, tampoco se toca la máquina de escribir que es Vivian Smith-Corona. Y si Ekué termina como la otra mitad del tambor seseribó, Eribó se encuentra diciendo, «Seré una tumba» en los dos sentidos. En su esencia, entonces, el segmento del texto bajo el título de «Seseribó» es un cuento primitivo acompañado de una variante narrada por Eribó, pero fabricada por Arsenio Cué para salvarse de lo que se percibe como una mujer devoradora.

Ya hemos hablado del «mundo al revés» percibido por Códac. Hay otro concepto del fenómeno en el texto, que se nota en su misma estructura. Es que el libro se concibe como una serie de temas que se presentan en la primera mitad y se vuelven al revés en la otra mitad, al pasar por un «espejo» colocado en el centro. Algunos ejemplos —sencillos o increíblemente complejos— son los siguientes: A) el libro empieza con el sonido de la voz del MC del Tropicana y termina en la repetida mención del silencio; B) la «expulsión del Paraíso» de los amantes, que tiene lugar en el principio, debe terminar con el suicidio de la mujer de una manera muy cubana: la de su inmolación, según dijo el autor, pero esa parte de la narrativa fue eliminada antes de la publicación (5). Hacia el final de la novela, Cué relata el sueño de cierta amiga suya, de un perro encendido en una playa y sacado del fuego por otro perro; Cabrera Infante dijo que esto solo se entiende a base de lo quitado del otro cuento (6), de manera que en la primera parte del manuscrito original una mujer se mete en el fuego, y en la última un perro es sacado de él; C) un personaje que se llama Beba, pero llamada Babel por Cué, aparece en la primera parte en el papel de la Torre de Babel; habiendo ascendido socialmente y terminado en una confusión de las lenguas aparece en «Bachata» como otra Babel Bíblica, la Babilonia del Apocalipsis, es decir, como la gran prostituta; D) como ya lo hemos mencionado, William Campbell inventa una historia en «Los visitantes» que se desata en el final en el recado de «GCI» a Silvestre, y E) una historia contada por Silvestre en «Los debutantes» se cuenta al revés en ciertos detalles en el final, y la historia de Cué de su supuesta muerte en «Los debutantes» tiene su conclusión en su resurrección, contada por él mismo, también en «Bachata».

Pero ¿cuál es el espejo que le da al lector esta imagen al revés del mundo dado? El segmento que ocupa el centro del texto, entre estas situaciones opuestas, se llama «Rompecabeza», y es propiedad de Bustrófedon, quien quiso ser el lenguaje. Por supuesto, si el verbo lo creó todo, es el verbo el que lo pone al revés. Y la clave es el gran amor y respeto que Cabrera Infante siente por Lewis Carroll. Bustrófedon, en efecto, es una extensión de Humpty Dumpty, el que era capaz de manejar el lenguaje a su voluntad: «When I use a word ... it means exactly what I chose it to mean» (7). Este es el propósito de Bustrófedon en sus interminables juegos de palabras. Y mientras que Humpty Dumpty muere estrellado en el pavimento, su avatar Bustrófedon muere de otras causas y abren su cabeza en la autopsia; de allí el título «Rompecabeza».

Tampoco hay que olvidarse del significado del nombre escogido para sí por este héroe del lenguaje: Bustrófedon, recurso retórico en que el lenguaje va en una dirección, en una línea, para ir al revés en la próxima. Si Bustrófedon entra en el espejo de Lewis Carrol, siempre puede salir de nuevo. Para él, el espejo significa la muerte, y esto se presenta como un principio sumamente importante para él: ser el lenguaje, y específicamente el lenguaje que se mueve en las dos direcciones, significa la posibilidad —tal vez la única posibilidad— de la inmortalidad. Y el libro mismo, siendo lenguaje y como tal emparentado con Bustrófedon, también entra en el espejo y se pone al revés para completarse.

El juego principal de Bustrófedon en su segmento del texto es su parodia de varios autores cubanos a través de lo que él se imagina que ellos harían con la historia de la muerte de León Trotsky. Trotsky, en realidad, sirve de otro yo para Bustrófedon, siendo los dos herejes que mueren por la causa (un defecto del cerebro causa el juego lingüístico de Bustrófedon tanto como su muerte) y sufren el rompimiento del cráneo, Trotsky por el hacha y Bustrófedon por la autopsia. Cada versión de los hechos históricos imaginada por Bustrófedon constituye un nivel barroco de la elaboración. Hasta hay una versión de José Martí, mártir él mismo, supuestamente escrita unas décadas antes de los hechos. El efecto total es el desvanecimiento del hecho histórico bajo el peso de la imaginación y la estilización. Muchos insisten en que la realidad depende de la percepción del observador; aquí el lector se da cuenta de que lo único que posee de la muerte de Trotsky son unos reportajes periodísticos de México o, alternativamente, estos resultados de la imaginación novelística creados por un personaje creado. Y así es cuando se trata del estilo barroco, donde el decorado a veces termina siendo de más importancia que la estructura básica.

Pero para Bustrófedon esto no es lo esencial. Es que, como Cervantes, Quevedo y Góngora, él percibe que el mundo material que conoce está en proceso de desintegración, y que su única defensa es el lenguaje que, según se dice, fue la base de la creación original. Si el mundo va a moverse al revés, será bajo la influencia, no solo de un lenguaje desintegrado, sino de un lenguaje que explora todas las posibilidades. Es por eso por lo que Bustrófedon y sus discípulos se sienten tan entusiasmados al encontrar, por un proceso aleatorio, un nuevo palíndromo significativo o una nueva palabra *portmanteau*. Para Cabrera Infante, como para Lewis Carroll, se trata de la búsqueda de una realidad superior a la actual. Para Bustrófedon, específicamente, hay deleite en el hecho de que «alergia» puede ser «alegría» con un leve cambio, o que «Adán» es «nada» al revés: si siempre existe la posibilidad de una metamorfosis lingüística, siempre hay la posibilidad de una nueva creación en el mundo material que se deriva del lenguaje. Para el barroco, si no se puede cambiar lo dado, por lo menos se puede ser creador por sobre lo fundamental. El neobarroco cubano concebido por Cabrera Infante es un poco distinto. Puede ser que desaparezca para siempre, y la elaboración representa una búsqueda de todas las posibilidades de una nueva creación a base del lenguaje.

Notas
(1) Guillermo Cabrera Infante, Tres tristes tigres (Barcelona: Sceix Barral, 1967) 18.
Las siguientes referencias aparecen en el texto.
(2) «Cantando las 40», Suplemento de Imagen 42 (1/15 febrero de 1969).
(3) The Hero with a Thousand Faces (Cleveland y Nueva York: World Publishing Co., Inc., 1956) passim.
(4) «Cain by Himself: Guillermo Cabrera Infante, Man of Three Islands», Review 29 (enero/abril 1981): 10.
(5) y (6) Guillermo Cabrera Infante, The Art of Fiction. An interview by Alfred MacAdam. Issue 87, 1983 - Paris Review
(7) Lewis Carroll, The Annotated Alice, introducción y notas por Martin Gardner (Nueva York: Bramhall House, 1960) 269.

José Lezama Lima: entre la poesía y la retórica

«Al final su caudal se vuelve circular y comienza a hervir» (1): el río se convierte en un espejo bullente, en el espejo donde Narciso —aguijoneado— se hundió en un esfuerzo cognoscitivo supremo. Este espejo-río nos lleva de la mano a la poética de Lezama. Una poética que rebasa lo meramente estético, se expande hacia la ética, la filosofía y la historia, y ofrece la chispa de la Utopía, intentando lamer con sus aguas las puertas del Paraíso. Aquel anhelo oscuro por alcanzar una definición para lo indefinible que anima a Narciso en su contemplación del espejo-río, y que aparece luego —sonriendo todavía— en el suave regaño de «Ah, que tú escapes», se endurece en la prosa ensayística de Lezama para proponernos un sistema que ofrece una visión global —desde la poesía— del anverso y del reverso del mundo.

Si bien toda la obra de Lezama esta cruzada obstinadamente por la aspiración de dialogar con la poesía, de fijar por unos segundos a la interlocutora huidiza y proteica, el lector advierte bifurcaciones inquietantes. En su labor ensayística, ese dialogo se articula y crece a través de los años en el esfuerzo por fundar un sistema poético que dé respuestas tranquilizadoras a los pequeños y a los grandes enigmas; en el verso lezamiano, junto a un grupo de poemas ya clásicos, muy sobados por la crítica justamente porque se derivan de aquellas teorizaciones, crece la batalla entre el poeta (explorador incansable, criatura maldita, inconforme y feroz) y su propia poética, por flexible, renovadora y antidogmática que parezca.

Si el fundador del sistema poético avanzó, paso a paso, hacia un imán donde estuvieran todas las soluciones, el poeta se fue quedando solo con el fragmento. Hay un desfase entre el camino seguido por la reflexión de Lezama, cada vez más coherente, sistemática y abarcadora, cada vez más afincada en una mirada integral sobre el mundo, y el desarrollo de su poesía, donde se va imponiendo una pupila fraccionada y un mecanismo asociativo más y más libre (en el ciclo que va de Aventuras sigilosas hasta Dador), y la revelación de un ámbito personal, donde ese fraccionamiento permite la entrada en el discurso poético lezamiano de confidencias, sentimentalismos e incertidumbres que el sistema no puede prever: *Fragmentos a su imán.*

Sin embargo, tanto la elaboración teórica como el rastreo ciego, sin apriori, del hacedor de poesía que palpa en la oscuridad, se basan en un mecanismo central en Lezama, que brota naturalmente de su condición definitoria de poeta: la búsqueda de enlaces ocultos entre elementos separados por abismos de tiempo, espacio o sentido.

El hallazgo de estas conexiones inesperadas, que subvierten las estructuras de un pensamiento racionalista chato y presentan una nueva relación causa-efecto, también apunta hacia la revelación de una armonía universal encubierta, vedada al hombre por la maldición de lo sucesivo y la lluvia de fragmentos carentes de imantación. Es «el rayo que une las dos refracciones de las dos cámaras distintas» y que logra disolver así los «extraños mundos saturninos», desmembrados, que angustian al hombre (2). Al establecerse el enlace lezamiano, queda abolida la jerarquización habitual; ya entre los elementos conectados no existe la subordinación del derivado al antecedente: tienen el mismo valor. Todos los elementos enlazados aportan, en el circuito mágico que se cierra, una carga germinativa similar. Por otra parte,

> *La claridad de un hecho puede ser la claridad do otro, cuya semejanza no oequivalente, que permanecía a oscuras, pero la iluminación o sentido adquirido por el primer hecho, al crear otra realidad, sirve de iluminación o sentido al otro hecho, no semejante* (3)

Aproximar un hecho, una «entidad», un objeto, a la luz emanada por otro, que arde en el espacio abierto por una nueva causalidad, es fuente incalculable de conocimiento y nos permite entrever una realidad esencial superior. No olvidemos que

> *El gato copulando con la marta*
> *no pare un gato*

de piel shakesperiana y estrellada,
ni una marta de ojos fosforescentes.
Engendran el gato volante (3).

En general, todos los procedimientos creativos de Lezama se colocan en el ámbito de una causalidad diferente, donde son posibles las más inesperadas conexiones y donde puede ser engendrado el gato volante. La vivencia oblicua —momento culminante de la nueva causalidad, donde un hecho genera otro sin que entre ellos exista ninguna relación lógica de causa y efecto— es bosquejada desde 1948, como ingrediente para fundar ese espacio, ese «reino de la absoluta libertad» (4). Allí la vertical de la causa ya no cae en ángulo recto sobre la horizontal del efecto: en el espacio poético los fenómenos se cortan oblicuamente, creando una textura geométrica solo en apariencias caótica: realmente de urdimbre mucho más cerrada y perfecta.

Cuando Lezama propone la verdad poética, no pretende hacer pedazos la imagen racional del mundo; sino, por el contrario, dar un sentido al caos, «trazar un continuo en aquel mundo que surgió como la discontinuidad mayor» (5). Apuntando hacia esa coherencia invisible, hacia esa isla utópica personal, se aparta de los francotiradores que aspiran a destrozar la estabilidad confortable de la razón burguesa, para instalar —arrasados todos los valores— el demonio del absurdo: más bien construye otro sistema racional, considerando al existente incapaz de resolver los misterios de un modo desintegrado. Sugiere un sistema para alcanzar la concordancia universal, basado —esta vez— en «una razón poética, en un sentido derivado de las asociaciones momentáneas» (6); basado en el razonamiento inocente, pletórico de fe, capaz de asimilar con naturalidad el milagro del cristianismo primitivo. En la base del sistema está la imagen, que se alza como la única vía del hombre para relacionarse con el universo objetivo y con el territorio secreto de lo invisible; del mismo modo que solo ella puede mostrar la intersección entre esos dos ámbitos y desmentir cualquier concepción dualista. La imagen, instrumento cognoscitivo por excelencia, compañera del hombre en todas sus aventuras vitales, encuentra su lugar idóneo en la poesía: allí se abren sus oportunidades más ricas; allí su apetito de conocer consigue los frutos mejores; allí cumple sus múltiples milagros de manera más cómoda y transparente, porque la poesía es el reino propio del milagro.

La imagen viene a ser la intermediaria entre el poeta y la sustancia poética: asegura el fugaz, relampagueante vínculo con esa entidad siempre fluyente; logra aquellos minutos inapreciables en que el río se hace espejo en una cristalización instantánea; construye, en el prodigio del poema, la «fotografía de la respiración» (7), y nos entrega una estampa congelada del movimiento poético —que repite el movimiento mismo de lo real. Y es que la sustancia poética lezamiana participa de la dinámica inagotable de la vida: bulle zigzagueando en el espacio y en el tiempo, despojada de todo lo accesorio, como si quisiera reflejar lo esencial de los desplazamientos vitales.

El afán por dialogar con la sustancia poética puede leerse como un impulso cognoscitivo hacia la realidad y hacia la vida, y la construcción de ese espejo-río, de esa «sustancia tan real, y tan devoradora» (8), como una sintética representación de los enigmas objetivos que rodean al hombre y de su propio transcurrir a través de los mismos.

La sustancia poética ofrece una permanente resistencia a ser atrapada en el cuerpo estrecho del poema, necesariamente limitado por una forma y por su condición de estado y de continuo. Siendo la poesía «instante y discontinuidad», flujo irregular, materia informe que escapa de las coordenadas temporales y espaciales, su presencia en el estado de reposo y en la estructura formal, palpable, del poema, constituye por definición, un imposible. El contacto entre el poema y la poesía, la aspiración a que la poesía habite el cuerpo del poema —a que el instante se haga estado; lo discontinuo, continuo—, se fundamenta en la solución de los antagonismos centrales que se dan en la relación arte-realidad: aquella traición, al parecer inevitable, que Borges sintetizó a su modo —tan limpiamente— en la persecución literaria de «El otro tigre», desvela a Lezama cuando medita sobre el icario proyecto de fijar la sustancia poética por medio de esos objetos clavados en el papel, mensurables y quietos. La exploración de Lezama, sin embargo, no se resuelve en el desaliento del cazador de Borges: en el reverso de la sustancia poética hay una continuidad esencial, el fantasma de la unidad de lo real —que tantos accidentes y fragmentos dispersos nos impiden percibir—: «Discontinuidad aparente ... Continuidad de esencias»(9). Esta potencialidad cognoscitiva del acto poético al revelar los enlaces ocultos que dan coherencia a una realidad dislocada e incomprensible, deviene potencialidad utópica y responde a esa angustiosa perdida de toda noción de unidad que atormenta al arte contemporáneo.

El sistema poético lezamiano se fundamenta en varias parejas de contrarios, que oponen incesantemente continuidad discontinuidad, estatismo-movimiento, eternidad-temporalidad, ser-devenir, aislamiento-reconstrucción (10). La poesía y la propia vida viajan continuamente de un polo a otro. La solución (si es que Lezama pensó en términos de solución) no está en afincarse en uno de los extremos de la pareja; sino en una zona intermedia, que mantiene el movimiento y no aniquila ninguna de las circunstancias en oposición: allí donde el fragmento participa en la unidad, sin perder por ello —aunque ya imantado para siempre— su digna condición de fragmento: allí donde recibimos la «imagen de la eternidad» como «efímeros dichosos» (11), allí donde podemos fijar la corriente de la poesía, sin que el espejo niegue esencialmente al río. Sin embargo, la fragata que protagoniza uno de los mejores poemas de *Fragmentos a su imán*, cuando encuentra un «círculo / azul inalterable con bordes amarillos / en el lente cuadriculado de un prismático», es un efímero equilibrio; luego-interminablemente va a comenzar «de nuevo su combate sin saciarse».

La solución dinámica traicionada por la práctica de la poesía, surge otra vez cuando examina la fachada barroca de una catedral peruana y descubre, en «el esfuerzo por alcanzar una forma unitiva», entre tan diversos elementos ornamentales, una tensión. Es —nos dice Lezama— como si «el señor barroco quisiera poner un poco de orden pero sin rechazo, una imposible victoria donde todos los vencidos pudieran mantener las exigencias de su orgullo y de su despilfarro» (12). Es la misma tensión que rige la batalla entre las frases contrarias de Aristóteles (que exalta el reposo) y la de Pascal (que exalta el movimiento), trazadas en los pizarrones mágicos, donde se polarizan, magnetizadas, arremolinadas, sin que haya nunca vencedor ni vencido (13). Es —también— la tirantez de un discurso poético que atrapa primero «las acumulaciones del sentido» (14).

En ese flujo y reflujo descubrimos, además, el viaje continuo que va del individuo al arquetipo, y regresa siempre —lavado por el sumergimiento en las aguas de lo supraindividual— al hombre-fragmento, renovado, aunque manteniendo el patrimonio de su orgullo y de sus despilfarros: es Garcilaso, en el momento de su muerte, penetrando en su ser histórico, «integrando la persona contradictoria saturadora del arquetipo categorial» (15) y ofreciendo, también en este caso, la síntesis que suprime todo dualismo; o Simón Rodríguez, que se acerca y se aleja del diálogo con el paisaje, forma de comunión colectiva, «por el que este espíritu muy cargado, por la que este individualista de desesperada última instancia, pudiera soltar el ascua, deshacerse de la maldición» (16). En la inclinación de Lezama (y de todo Orígenes) hacia el arquetipo, hay —como en el señor barroco— la intención de poner orden pero sin rechazo; el respeto hacia la delicada dialéctica que debe reinar en la configuración del personaje-arquetipo, para no rematar en él torpemente las larvas aprovechables de lo individual.

Edificada sobre tantas y tan variadas antinomias, la poética de Lezama es, como vemos, enemiga de los dualismos, de los esquemas que obstaculizan la comprensión de un mundo donde se entrelazan todos los hilos; donde se confunden fauna y flora, naturaleza y sobrenaturaleza; donde reina un sinfín de nexos invisibles que garantizan la armonía universal. Desde su temprano ensayo «El secreto de Garcilaso» (1937), Lezama se pronuncia contra los dualismos arte culto-arte popular, arte-vida y hasta contra la tajante oposición Medioevo-Renacimiento: todos ellos están resueltos en la figura de Garcilaso, como equilibrada síntesis. Para comprender el proceso literario, son nocivos los esquemas que oponen a Góngora y San Juan y poesía hermética-poesía clara. Solo «los acogidos a la tranquila infancia de una escisión poética», los que no han podido sobrepasar una comprensión primaria, elemental, de la poesía, pueden sentirse cómodos en medio de esas clasificaciones profesorales (17).

Hay que derribar las paredes de cristal o de piedra, las más sutiles y las más burdas, para encontrar las confluencias. Todos los dualismos nos empobrecen y nos alejan de la utopía. La poesía, incluso, este capacitada para disolver el dualismo esencial; puede «destruir la antítesis realidad e irrealidad, formando una esperada médula de saúco» (18). La poesía es el ámbito idóneo para las correspondencias, donde no existen ya los tabiques levantados por el racionalismo burgués dieciochesco, que en su resaca irónica nos devuelve los laberintos culturales de Borges. Aquella diosa Razón, que pretendía mostrarnos la imagen de un mundo explicable y armonioso, degeneró (por su raíz clasista; gracias a la conocida fábula de una clase que se acostó revolucionaria y despertó aferrada a un poder que defendería a sangre y fuego) en la parcelación positivista, en el fraccionamiento definitivo del mundo, y en las caricaturas que de ella haría por poner un ejemplo del ámbito hispanoamericano —un Borges.

La angustia de un intelecto desvalido ante la crisis del racionalismo burgués, debe desaparecer cuando se traspasa el umbral del ámbito poético lezamiano: allí rigen ciertas leyes; pero son diferentes y tienen —como la ciudad ideal— «la medida del hombre», están concebidas para humanizar el arte y la vida, que son inseparables. Hay en este reino otra verdad, otro sentido, y las nociones cardinales de tiempo y espacio han cambiado: el tiempo se endurece, se niega, resiste su propia condición; mientras que el espacio se aligera, propicio, evitando asfixiar a sus habitantes con una imposición material excesiva (19). Tiempo y espacio favorecen así la creación del hombre en un medio amable; donde aquélla puede alcanzar una especial sobreabundancia, una riqueza barroca que acumula posibilidades para que el sentido poético cristalice; donde se abre la promesa de la posibilidad infinita, que es —finalmente— la única opción que puede acercar las aguas del río al Paraíso.

Aunque el sistema poético de Lezama reconoce en el tiempo a un enemigo difícil, persistente, capaz de roer la base de todas las conquistas humanas, no se empeña en negarlo. La poesía —el arte— debe reelaborar el tiempo, digerirlo, cuando ya esté segura en «la otra extraña ribera de su pausa» (20), cuando se haya establecido en su propio castillo resistente. Dentro de esas murallas, la temporalidad se expresa de otro modo: Arístides Fernández, por ejemplo, hizo la mayor parte de su obra en un «súbito temporal» (21) de gran fecundidad; Portocarrero, con un símbolo personal, «logra un tiempo sin antecedentes ni consecuentes» (22) Zequeira y Arango llega a ofrecernos un poema situado «en un tiempo meramente poético, liberado de toda circunstancia cronológica» (23).

Ese tiempo distinto es una victoria sobre el tiempo devorador; es el fruto de la siembra del mulo en el abismo y de su resistencia.

En cuanto al espacio propio de lo poético, no solo es capaz de configurarse en el texto; también en el mundo objetivo, algunas peculiaridades con fluencias de elementos diversos suelen fundar una zona de misterio, una zona de poesía: son las llamadas coordenadas poéticas. «Una mágica, imponderable combinatoria especial, tocada apenas ... por una temporalidad reverente llegada como un halo» puede crear una situación poética, absolutamente extraliteraria (24). En el fundamento mismo de sus eras imaginarias están tales «situaciones excepcionales, que ... logran penetrar en el invisible poético» (25); como están en la base de su rechazo —genuino, ajeno a cualquier pose intelectualista ante el viejo problema— del dualismo arte-vida. En Lezama hay una raigal continuidad entre vida y creación: la búsqueda de la poesía no termina en el territorio de las palabras; se extiende a toda trayectoria vital del poeta, a sus actos, a su presencia —como testigo o protagonista— en cada una de las particulares combinaciones de la realidad; abarca todo su vínculo con el mundo, con la historia, con las visitas de los sueños y con las apariciones de la vigilia. Y siempre, siempre, las coordenadas poéticas necesitaran de una «temporalidad reverente», distinta, respetuosa, que permita espesar la atmosfera en la zona de misterio, que no estorbe el nacimiento del espejo en ese momento circular del río.

En otras ocasiones, este espacio poético adquiere una dimensión metafísica: Lezama describe un doble movimiento —de ascenso hacia Dios y descenso a los infiernos—y le otorga a la poesía una pausa intermedia entre las dos corrientes, que le permite el privilegio de una suerte de objetividad, de «retiramiento», y resulta idónea para encontrar un sentido e hilvanar el conocimiento órfico con el conocimiento «de salvación» (26). Y en otro momento sentencia: «la poesía tiene que empatar o zurcir el espacio de la caída» (27), definiendo —con una metáfora insustituible— la misión trascendente de su poética. En la criatura expulsada del Paraíso ha quedado, gravitando, el vacío de esa naturaleza perdida; que pudiera llenarse con la sobrenaturaleza, formada por la intervención de la imagen:

Lezama coloca de este modo «frente al pesimismo de la naturaleza perdida, la invencible alegría en el hombre de la imagen reconstruida» (28).

Esa invencible alegría y esa imagen reconstruida que la poética de Lezama nos ofrece como ganancia trascendente de su madurez, contrasta con los minutos de caos, las dudas, los temblores, que va descubriendo en la práctica de la poesía el autor de *Fragmentos a su imán*: la poética del sistema y su retórica aparecen minadas aquí por una exploración que se relaciona con el esquema romántico poesía-expresión del sentimiento y en menor medida con el esquema surrealista poesía-expresión del subsconciente, esencialmente incompatibles con los principios básicos de la teorización lezamiana, y es que el sistema poético carecía de flexibilidad para acomodar en sus habitaciones todo el proceso de conmoción espiritual que estaba sufriendo su creador. Las fisuras del sistema ya no podían ocultarse, y Lezama —con honestidad de poeta verdadero— no las ocultó.

Fragmentos a su imán no hubiera podido fundar un movimiento, como lo hizo *Enemigo rumor*. Le falta el sentido integrador, esa imagen de mundo sin intersticios. Allí, en medio de la retórica del sistema, asoma una poesía distinta, insegura por momentos, que alarga las manos en la tiniebla como queriendo que alguien las apriete (29), desmintiendo lenguajes y recursos esquematizados ya bendecidos por el éxito.

Lezama, entre la poética y la poesía, viajando hacia el imán (hacia la armonía invisible y el vencimiento del tiempo y de la nada) o hacia el fragmento (hacia la intimidad de un yo poético bruscamente personal, necesitado de una nueva voz), deja el testimonio de sus contradicciones como un ejemplo de valentía intelectual. Corresponde, como debe ser, a los exégetas, traicionar ese ejemplo, batirlo todo, y ofrecer una hermosa estampa conciliatoria.

Notas

(1) José Lezama Lima, «Confluencias», La cantidad hechizada, en Obras completas
(México: Aguilar, 1977) 1228. Todas las citas de los ensayos de Lezama se hacen por esta edición.
(2) Lezama Lima, «La dignidad de la poesía», Tratados en la Habana, 769.
(3) Lezama Lima, «La imagen histórica», La cantidad, 849.
(4) Lezama Lima, «Las imágenes posibles», Analectas del reloj, 159.
(5) Lezama Lima, Analectas, 165.
(6) Lezama Lima, «Prosa de circunstancia para Mallarme», Analectas, 265.
(7) Lezama Lima, «Del aprovechamiento poético», Analectas, 254.
(8) Son palabras de Lezama en carta citada por Cintio Vitier en «La poesía de José Lezama Lima y el intento de una teología insular», en Recopilación de textos sobre José Lezama Lima (La Habana: Casa de las Américas, 1970) 73.
(9) Lezama Lima, «X y XX», Analectas, 147.

(10) Ensayo de Rubén Ríos Ávila, «La imagen como sistema», Coloquio internacional sobre José Lezama Lima: poesía (Madrid: Editorial Fundamentos, 1984).
(11) Lezama Lima, «Confluencias», La cantidad, 1228.
(12) Lezama Lima, «La curiosidad barroca», La expresión americana, 304-305.
(13) Lezama Lima, «Introducción a un sistema poético», Tratados, 395.
(14) Lezama Lima, Tratados, 397.
(15) Lezama Lima, «El secreto de Garcilaso», Analectas, 35.
(16) Lezama Lima, «El romanticismo y el hecho americano», La expresión, 337.
(17) Lezama Lima, «Sierpe de Don Luis de Góngora», Analectas, 186.
(18) Lezama Lima, «Cortázar y el comienzo de la otra novela», La cantidad, 1199.
(19) Lezama Lima, «Las imágenes posibles», Analectas, 170.
(20) Lezama Lima, «Introducción», 403.
(21) Lezama Lima, «Arístides Fernández», La cantidad, 1121.
(22) Lezama Lima, «Homenaje a Rene Portocarrero», La cantidad, 1142.
(23) Lezama Lima, «Prólogo a una antología», La cantidad, 1010.
(24) Lezama Lima, «Introducción», 399.
(25) Lezama Lima, «A partir de la poesía», La cantidad, 825.
(26) Lezama Lima, «Introducción», 403-405.
(27) Lezama Lima, Tratados, 762.
(28) Lezama Lima, La cantidad, 1213.
(29) Del poema «Los dioses», *Fragmentos a su imán*. Editorial Lumen, Barcelona 1978

José Ángel Buesa, romántico por excelencia

La figura más popular y conocida del grupo de los neorrománticos que surgieron en la época del posmodernismo, es, sin duda, la de José Ángel Buesa, poeta nacido en Cruces (antigua provincia de Las Villas, Cuba) en 1910 y fallecido en Santo Domingo, República Dominicana en 1982.

Desde una edad muy temprana comenzó su trayectoria lírica iniciada con su primer libro titulado *La fuga de las horas*, al cual siguieron otros, hasta su consagración con su libro *Oasis*, de amplia difusión y formidable estima, donde el romanticismo doliente de sus versos como fiel intérprete del amor y su cantor más apasionado no deja duda alguna que en la poesía moderna José Ángel Buesa representa un valor esencial y permanente.

Fue un poeta natural, no escritor para minorías. Su verso, melodioso y atrayente, se pega al oído. Hilvanaba el verso con una destreza que debiera ser irrefutable, como irrefutable ha de ser su condición de poeta. Fue versificador de tono menor, sentimentalmente excesivo, domador de la rima y su música, Buesa fue un cantor que logró ensartar vocablos con diafanidad y sutileza casi mágicas.

Su tema es el amor, el olvido, el recuerdo, la muerte y el para qué de la vida, pero sin estridencia ni aguafuertes sentenciosos. Fineza en el estilo con un dominio sorprendente de la palabra. Contemporáneo de otros poetas destacados de Cuba, en nada se parece, por ejemplo, a Lezama Lima.

Si retomamos la definición de poesía como «expresión literaria de la belleza», tenemos que aplaudir honestamente a Buesa que dejó en nuestra lengua poemas en los que el sentimiento espontáneo y la palabra se entrelazan en un tapiz que puede ser colgado en el más exigente de los muros de cualquier antología.

Así ha conquistado las preferencias de una gran masa lectora, fue por muchos años el poeta más leído y recitado en toda Hispanoamérica y el único que logró vender un millón de copias de los más de veinte cuadernillos que conformaron sus libros una hazaña que no ha podido superar poeta alguno en nuestra lengua.

Buesa escribe una poesía de la emoción inmediata. Su lenguaje, sin perder la elegancia, está al alcance de lectores de mediana cultura. Muchos poemas suyos emitidos en la Radio de La Habana antes de la revolución, llegaban al corazón de todos los que se aprestaban para escucharlo en sus programas radiofónicos. Su tema es el amor, el olvido, el recuerdo, la muerte y el para qué de la vida, pero sin estridencia ni aguafuertes sentenciosos. Fineza en el estilo con un dominio sorprendente de la palabra.

Si leemos cronológicamente su obra, observamos que, pasados los años de su poesía escrita en Cuba, hay una atenuación de sus descripciones y un ahondamiento de su psicología amorosa, siempre en torno de la mujer enamorada o al desarraigo obligado de la patria y la soledad.

Buesa es el poeta romántico por excelencia:

> **«Pasarás por mi vida sin saber que pasaste.**
> **Pasarás en silencio por mi amor, y, al pasar,**
> **fingiré una sonrisa, como un dulce contraste**
> **del dolor de quererte...y jamás lo sabrás».**

Fue demasiado fecundo, tal como lo revela la cuantiosa nomenclatura de sus libros: *La fuga de las horas*, 1932; *Misas paganas*, 1933; *Babel*, 1936; *Canto final*, 1938, *Oasis*, 1943: *Hyacinthus*, 1943: *Prometeo*, 1943: *La vejez de don Juan*, 1943: *Odas por la Victoria*, 1943; *Muerte divina*, 1943; *Cantos de Proteo*, 1944; *Lamentaciones de Proteo*, 1947; *Canciones de Adán*, 1947; *Alegría de Proteo*, 1948; *Antología*, 1949; *Poemas en la arena*, 1949; *Nuevo Oasis*, 1949. Su libro *Oasis* (1943) se reeditó en más de 26 ocasiones, así como *Nuevo Oasis*.

En Santo Domingo, donde murió, está registrado su último poema titulado «Yo soy aquel», que termina con unos versos que son a la vez testamento y epitafio:

> **«Viví mi libro y escribí mi vida,**
> **y el resto —poca cosa— se lo dejo a la muerte».**

Bibliografía
Roberto Leliebre, Buesa de Lejos y de Cerca. Poesías y Biografía Ediciones Caserón, Santiago de Cuba; 1st edition (2013).
Available in Amazon.com

José Martí, el enamorado

Martí no era «un bailarín de virtud», como le confesó a un amigo, sino un hombre que conocía «todos los dolores, todos los engaños, todas las razones de dudas, todas las inquietudes y los tormentos todos de los hombres». Lo ejemplar en Martí es donde fue eminente: el patriota, el escritor. Martí es uno de esos personajes cuya altura da relieve a su vida amorosa.

Ya desde Cuba, aún muy joven, se habla de aquel amor platónico por la Micaela de su maestro Mendive, que se hizo enterrar con sus cartas y sus versos; en España joven y rebelde goza de un amor adultero que condenó por ética pero que vivió como hombre, le tocó vivir siempre seguido con un aura sutil de la infidelidad.

Luego fue Blanca de Montalvo, la zaragozana que hizo estallar la «breve flor de su vida», el deslumbramiento bohemio en el México decimonónico, veinteañero aún, y exitoso en ese mundo intelectual pre-modernista que lo hizo amar, sufrir desdenes, para caer luego prendado por una mujer de carácter, Carmen Zayas Bazán Heredia, la cubana que lo hace olvidar sus aventuras de camerinos y esquelas fortuitas, y por vez primera lo compromete al matrimonio, como ideal del amor y la tranquilidad familiar. Ni Carmen Zayas Bazán era mujer para Martí, ni Martí para ella. Carmen se enamoró del genio, pero el genio de Martí no estaba hecho para lo que ella quería. Martí, por su parte, se enamoró de la gracia de la camagüeyana.

Novio aún de Carmen va a Guatemala y allí le sale al paso la pasión hecha mujer, María García Granado, la adolescente que lo ama sin condición y a quien entregó los restos románticos de sus amores insensatos (años después dirá lleno de despecho ante la huida de Carmen: «Y yo que sacrifiqué a mi María»). Este nuevo amor platónico será el más conocido y especulado, justo por el poema IX de «Versos Sencillos», inmortalizador del amor imposible de «la Niña de Guatemala».

Durante un tiempo el hijo mantuvo el matrimonio a Carmen unido. La unión se rompió debido al cansancio de Carmen de vivir en el extranjero, y la resistencia de Martí a volver a Cuba mientras no fuera libre. «Allí toda bofetada me sonaría en la cara». Los que no gustan de Carmen, dicen que lo abandonó en 1885 al regresar a Cuba. Martí andaba sin empleo desde el año anterior. Al quedarse solo se mudó a la casa de huéspedes de Carmita Miyares Mantilla, viuda desde hacía poco. Cinco años mayor que él, así encontró un padre para sus hijos huérfanos; y Martí el hogar que nunca había tenido, aunque con más de chimenea y jardín que de lecho y dormitorio.

Pasó el tiempo. Martí se quejaba: «Carmen se detiene por ver si con su alejamiento me fuerza a ir a Cuba, y donde detiene a mi hijo». En Nueva York empezaron las murmuraciones: dijo un testigo de la época: «Era a la sazón comidilla y tema obligado en la intimidad de las familias cubanas los amores de Martí». Le encubrían la relación los amigos; los enemigos se la censuraban. Era entonces el adulterio una mancha en el amante, un pecado mayor en la mujer y un bochorno para la familia, y un delito. Carmen Miyares terminará siendo el amor maduro de Martí.

Martí vivió en la casa de Carmita hasta que en 1895 se fue a la guerra de Cuba. En 1891 tuvo la visita de la mujer y el hijo, pero a los dos meses, escondidos de Martí, regresaron a La Habana: debió llegarle a Carmen el rumor de aquella relación y descubrir sus huellas en los Versos sencillos, que se iban a publicar: «Yo visitaré anhelante / Los rincones donde a solas / Estuvimos yo y mi amante / Retozando con las olas».

El testimonio más vivo de los amores de Martí y Carmita lo dejó Fermín Valdés Domínguez, desde la infancia amigo de Martí, aunque no siempre digno de crédito; escribió en su Diario de soldado: «No permito que nadie quiera manchar la vida pura y casta y limpia de Martí diciendo que por una querida abandonó a su esposa. La esposa egoísta y vil fue la que llevó al hogar el veneno la que le arrebató a su hijo, y cuando él se quedó solo y enfermo y pobre no tuvo más consuelo que aquella santa que tuvo para él todos los cariños, que fue su madre y su hermana. No fue pues Carmita, una querida, fue un ángel que Dios puso en su camino para sostener y dar vida a aquel genio que sin ella no hubiera podido vivir».

Muerto el héroe creció la conspiración del silencio, más por la calumnia de que Martí era el padre de la hija menor de Carmita. Cuanto podía revelar el secreto fue destruido. Por disposición de Martí habían ido a manos de ella sus papeles. Sólo se salvó una frase amorosa: en carta recién descubierta en los Archivos Militares de España, le decía al despedirse: «Para usted toda la vida de quien no lo olvida un momento». Camino a Cuba le había escrito Martí a una de las hijas de Carmita, que lo adoraban: «Quiere mucho a tu madre, que no he conocido en este mundo mujer mejor. No puedo, ni podré nunca, pensar en ella sin conmoverme, y ver más clara y hermosa la vida».

Más que como un simple trato sexual, la amistad amorosa puede entenderse como hija de la gratitud y del infortunio, si se tiene en cuenta un verso de Martí como pensando en ella: «No sepas, ay no sepas / Que no aplacas mi sed, pero tu seno / Es sólo de ampararme digno».

Fuentes
José Martí, Obras Completas, tomo 21
Biografía mínima. Portal José Martí
A su hermana Amelia. Cartas de José Martí en sitio Web Damisela

José María Heredia

En la década final del siglo XVIII surge un poeta singularísimo, prosista igualmente recordable, nacido el 28 de agosto de 1774 y enteramente formado como ciudadano y como escritor dentro de los cánones de la España ilustrada. Ciertamente, Manuel de Zequeira y Arango es, entre nosotros, el poeta neoclásico por excelencia, con su rancia españolidad, pero es al mismo tiempo una extraordinaria figura con que se abre la poesía cubana de calidad estimable como tal y en la que ya observamos rasgos significativos de una cubanía trascendente. Este es el mayor poeta de los que preceden a José María Heredia en el tiempo y en la visión de lo cubano. Absolutamente enloquecido hacia 1820, e incapaz ya de escribir una obra atendible después de esa fecha, cierra una etapa en el proceso evolutivo de la lírica cubana cuando comienza a dar sus primeros frutos el gran poeta romántico que nos dejó, entre otros textos memorables, su célebre oda «El Niágara», y que había nacido en Santiago de Cuba el 31 de diciembre de 1803.

Desde niño comenzó Heredia sus estudios literarios bajo la orientación de su padre, en especial con la lengua latina, la que llegó a dominar muy temprano, antes de salir de la infancia. Su vida de adulto estuvo marcada por desgarradoras pasiones amorosas, políticas, literarias, y por un incuestionable amor a la libertad y a Cuba, por la que sufrió como el más hondo y auténtico de nuestros románticos. En el vigoroso discurso de Martí en su honor, hallamos en todo su esplendor el carácter de este hombre fundamental de la historia de la cultura cubana, poeta de obra monumental por sus calidades formales, por el ímpetu de su canto —de una reciedumbre que le venía del amor a la libertad, a la belleza y a la justicia— y por la manera en que se vuelve hacia el paisaje, a la que Cintio Vitier califica, en *Lo cubano en la poesía*, de «interiorización de la naturaleza». Ya en sus mejores momentos observamos una mirada al entorno natural —entorno convertido en paisaje después de la percepción, más ingenua, que lo considera pura naturaleza— que reviste un alto grado de espiritualización al asumirlo como una presencia que nos dice, que es capaz de dialogar con nosotros y de insuflarnos un entusiasmo vital. Veamos en ese sentido estos versos de un poema de Heredia de 1821, titulado «Misantropía», donde el poeta ve y siente en la naturaleza contemplada su propio conflicto espiritual, el drama de su alma llena de pasión:

> *¡Qué triste noche!... Las lejanas cumbres*
> *acumulan mil nubes pavorosas,*
> *y el lívido relámpago ilumina*
> *su densa confusión. Calma de fuego*
> *me abruma en derredor, y un eco sordo, siniestro,*
> *vaga en el opaco bosque.*
> *Oigo el trueno distante... En un momento*
> *la horrenda tempestad va a despeñarse*
> *La presagia la tierra en su tristeza.*
> *Tan fiera confusión en armonía*
> *siento con mi alma desolada...*
> *¿El mundo*
> *padece como yo?...*

Si bien en ese poema tenemos un Heredia que canta a la tormenta, no se trata en modo alguno de un canto que podríamos llamar entusiasta o regocijado, sino de un canto melancólico, canto de sufrimiento, como leemos en el último verso citado, manera muy típica suya como el mayor ejemplo de poeta romántico entre nosotros. Y como tal, Heredia encarna también el poderoso arrebato creador ante las fuerzas naturales en toda la inmensidad de su grandeza y de su torrencialidad, como sucede al contemplar las extraordinarias cataratas del Niágara, frente a las cuales se estremece conmovido e inspirado a decirnos qué ve, qué siente, qué le dicen esas aguas que caen incesantes en magnitudes descomunales. Ahí volvemos a encontrar esa resonancia íntima del suceder natural, ese diálogo del poeta con el paisaje en una dimensión altamente espiritualizada.

En la escritura herediana se fusionan el amor, la naturaleza, la patria, la pasión por la libertad, el anhelo de justicia, la nostalgia por su tierra lejana, de la que está exiliado y a la que no puede regresar si no es a riesgo de sufrir la muerte. A lo largo de su breve existencia, de algo menos de treinta y seis años, sufrió nuestro gran romántico, el primero de América en el tiempo y en la calidad de su palabra, el destierro, la frustración amorosa, la decepción de la amistad, la lejanía de su tierra y de sus seres queridos, el imposible de ver libre a Cuba y la amargura de vivir en el caos de la república mexicana y en el frío estadounidense, experiencias ambas que le trajeron hondos sufrimientos de los que no se repondría nunca. Vitier anota algunos elementos en la poesía de Heredia que aparecerán más tarde en la de Casal, rasgos que en el autor de «En el teocalli de Cholula» ponen de manifiesto la profundidad de sus sufrimientos y de las innumerables frustraciones que colmaron su vida desde muy temprano. Pero acaso el mayor dolor de cuantos sufriera este inmenso poeta es el dolor de la lejanía de la patria inaccesible, pena que no puede sufrir en calma y sin sentir el enorme peso de su desdicha irredenta. Y junto a ese dolor, el de la frustración de sus ideales independentistas y el de ver a su país oprimido por España. Esa pena le llega por la distancia misma de la Isla durante sus años de desterrado, la distancia de su amado paisaje, y por la ausencia de sus seres queridos: amigos, familiares, amores de mujer. Veamos estos momentos de «Placeres de la melancolía» como ejemplos del sufrimiento que le causa la distancia insalvable entre él y la patria. Nos dice así el poeta, con el típico fervor de su elocuente palabra:

> *¡Oh! no me condenéis a que aquí gima,*
> *como en huerta de escarchas abrasada*
> *se marchita entre vidrios encerrada*
> *la planta estéril de distinto clima*
>
> ***

¿Do están las brisas de la fresca noche,
de la mágica luna inspiradora
el tibio resplandor, y del naranjo
y del mango suavísimo el aroma?
¿Dónde las nubecillas, que flotando
en el azul sereno de la esfera,
islas de paz y gloria semejaban?
Tiende la noche aquí su oscuro velo:
el mundo se adormece inmóvil, mudo,
y el aire punza, y bajo el filo agudo
del hielo afinador centella el cielo.
Brillante está a los ojos, pero frío,
frío como la muerte.

Vemos la nostalgia por los sabores y olores de la patria, por el clima —en el que están implícitos los colores destellantes y agudos del trópico—, por eso que podríamos llamar el paisaje interior, el paisaje propio, presencia que alcanza enorme fuerza en estos versos de «En mi cumpleaños», de 1822: *El sol terrible de mi ardiente patria / ha derramado en mi alma borrascosa / su fuego abrasador: así me agito / en inquietud amarga y dolorosa. / En vano ardiendo, con aguda espuela / el generoso volador caballo / por llanuras anchísimas lanzaba, / y su extensión inmensa devoraba, / por librarme de mí...* Ahí está el gozo del espacio como signo de libertad, el espacio abierto para correr a caballo, símbolo de plenitud que sólo es alcanzable en la patria que nos vio nacer, por la que Heredia clama en el destierro como parte consustancial de su vida. El siente la llanura cubana, con sus deliciosos frutos y la amada palma, evocada varias veces en su poesía (*las palmas ¡ay! las palmas deliciosas / que en las llanuras de mi ardiente patria / nacen del sol a la sonrisa, y crecen, / y al soplo de las brisas del Océano bajo un cielo purísimo se mecen?*, leemos en la oda «El Niágara»).

Siente la llanura, hemos dicho, y la siente por sí misma, pero además el paisaje le llega como rememoración entrañable de los suyos en instantes de evocación triste durante un viaje por mar, ya ausente por los imperativos de su vida política, en lucha por lograr los ideales independentistas que desde siempre animaron su accionar en la sociedad de su época. El «Himno del desterrado» resuena de este modo en nosotros, sus lectores, dos siglos después del nacimiento del poeta:

> *¡Cuba! al fin te verás libre y pura*
> *como el aire de luz que respiras,*
> *cual las ondas hirvientes que miras*
> *de tus playas la arena besar.*
> ...
>
> *¡Dulce Cuba! en tu seno se miran*
> *en el grado más alto y profundo,*
> *la belleza del físico mundo,*
>
> *los horrores del mundo moral.*
> ...
>
> *Aun habrá corazones en Cuba*
> *que me envidien de mártir la suerte*
> *y prefieran espléndida muerte,*
> *a su amargo azaroso vivir.*

En la poesía de nuestro primer romántico tenemos la obra de un clásico de la cultura nacional. En su obra se fusionan los más altos ideales patrióticos, herederos inmediatos de la Revolución Francesa, la gran tradición grecolatina y del romanticismo europeo, la apasionada percepción del paisaje en su dimensión espiritual, en particular el paisaje de la patria, una raigal cubana, una lúcida conciencia artística y una singularísima capacidad creadora, rasgos todos que nos entregan, en su poesía, uno de los monumentos de la cultura del idioma. Heredia es hoy uno de los grandes hombres esenciales que siempre nos acompañan.

Fuentes
Poesías completas de José María Heredia . Editorial Porrúa, México
http://www.cubaliteraria.com/autor/jose_maria_heredia/

La décima cubana

Todo poeta tiene, como es lógico, su forma personal de expresarse. Hay quienes prefieren hacerlo solo mediante el verso libre, y otros —sin dejar a un lado esta vía de comunicación poética— también recurren a las estructuras métricas clásicas, como el romance, la lira, el soneto y, sobre todo, la décima que por «sus rimas repetidas e ingeniosamente dispuestas y por la armoniosa distribución de sus acentos, fue el metro preferido por la poesía popular cubana», al decir de Carolina Poncet y de Cárdenas (1).

La insistencia en adjudicarle a la décima el adjetivo popular fue tergiversada al asimilarse con un matiz peyorativo por parte de cierta zona de la intelectualidad cubana, que no ocultó su prejuicio, subestimación o menosprecio hacia esta estrofa, al punto de relegarla a un plano inferior de aprobación e incluso hasta llegar a negarle su valor como poesía, sin tener en cuenta que «como tal puede ser ella misma un poema o puede el poema estar escrito en varias décimas o combinaciones de otras estrofas con ella», según apunta Virgilio López Lemus (2).

Existe un hecho innegable y que en la actualidad es aún más ostensible: la décima, tanto en su vertiente improvisada y cantada, el repentismo, como la escrita ha tenido una invaluable evolución y un auge incuestionable en su ya larga trayectoria. Esta secular forma métrica clásica tuvo sus orígenes en España y, con posterioridad, fue introducida por los colonizadores en tierras americanas, y de modo muy particular en Cuba, donde la décima recibió una acogida tal que, con el tiempo, se convirtió en signo de identidad como nación, al punto de que José Fornaris la denominara la «estrofa del pueblo cubano». Y Mirta Aguirre se encargaría de definir la importancia y trascendencia de tal acontecimiento sociocultural, utilizando para ello, precisamente, ese legado hispano, en el que resume la nacionalidad cubana con la mayor sencillez —como ha señalado Waldo González López—, mediante «una perfecta conjunción de algunos símbolos patrios»: (3)

Décima es caña y banano,
es palma, ceiba y anón,
Décima es tabaco y ron,
café de encendido grano.
Décima es techo de guano,
es clave, guitarra y tres.
Es taburete en dos pies
y es Cuba de cuerpo entero,
porque ella nació primero
y nuestro pueblo después.

En ese brote de la décima —que por suerte se ha extendido hasta nuestros días— han intervenido no solo los llamados poetas populares sino también los cultos, y muchos nombres imprescindibles de las letras cubanas así lo atestiguan.

Remontándonos al siglo XIX, tenemos a Manuel de Zequeira y Arango (1764-1846), el primer poeta cubano y a Juan Cristóbal Nápoles Fajardo, El Cucalambé (1829-1861). Zequeira maneja una décima fundamentalmente jocosa, con situaciones y enredos propios de la época; su lenguaje resulta sobre todo descriptivo, aunque no exento de la gracia y el desenfado fluido del notable gracejo cubano. De «La Ronda»: (4)

Con un triste desvarío
fui siguiendo mi aventura,
y sin tener calentura
me iba muriendo de frío.
En este momento impío
me acometieron traviesos
dos mastines con excesos;
pero por fin me dejaron.
porque sus dientes no hallaron
ninguna carne en mis huesos.

El Cucalambé muestra el llamado del poeta a la lucha, propone se deje la tibieza y comodidad del hogar, el disfrute del amor junto a la mujer, enfrentar el sufrimiento para cumplir con el deber, con-

voca al sujeto colectivo desde el yo del poeta para que se incorpore a las acciones por la Patria.
De «Hatuey y Guarina»: (4)

> *Tolera y sufre, bien mío*
> *de tu fortuna el azar,*
> *pues también sufro al dejar*
> *las riberas de tu río,*
> *siento dejar tu bohío,*
> *silvestre flor de Virama,*
> *y aunque mi pecho te ama,*
> *tengo que ser ¡Oh dolor!*
> *sordo a la voz del amor*
> *porque la patria me llama.*

En el siglo XX, Porfirio Valdés Álvarez (1927) constituye uno de los pilares de esta pléyade de repentistas. Desde los seis años cantaba, y con el canto vino la improvisación. Una anécdota refiere que, estando en Sagua en una de las actividades del llamado Club de Cazadores, una muchacha rubia le sonrió mientras llenaba un vaso de cognac. No perdió tiempo, cosa que lo caracteriza, y le improvisó estos versos: (5)

> *Rubia que estás a mi vera*
> *como una rosa de junio,*
> *qué milagro nobilunio*
> *te pintó la cabellera.*
> *Pudiste de qué manera,*
> *nacer tan sofisticada;*
> *y al mirar sobresaltada*
> *a cualquiera dirección,*
> *te sale una procesión*
> *de estrellas por la mirada.*

Incluyo dos ejemplos de canciones-poemas improvisadas, «rescatadas del aire y del olvido». La primera de ellas de La primera de ellas de Rigoberto Rizo (1917-2009), ejemplo de los temas universales («vida y muerte»), y la segunda, de Adolfo Álvarez, un «pie forzado», modalidad en la que se ofrecía al improvisador una frase que debía ser el último verso de su composición, es decir, en este caso se le ofreció a Adolfo Álvarez el verso «y no se hallaba en el lago» y sobre él debía construir su décima cantada (5).

> *Es la vida una quimera,*
> *y es el edén, y el infierno:*
> *un otoño y un invierno*
> *siguen a la primavera.*
> *Castillo que a la primera*
> *ventolera se derrumba*
> *indescifrable balumba,*
> *ineluctable destino*
> *del que atraviesa el camino*
> *que hay de la cuna a la tumba.*
>
> Programa «Jirón Campesino»
> Emisora Radio Progreso
> 7 de enero de 1942

> *Un perro la luna un día*
> *vio en lago retratada*
> *y ladró a la luna amada*
> *y la luna se reía.*
> *Ladraba y más no podía*
> *ladrar de un modo tan vago.*
> *Astro puro y astro mago,*
> *para el pobre perrezuelo*
> *la luna estaba en el cielo*
> *y no se hallaba en el lago.*
>
> Programa «El Príncipe del Punto Cubano»
> Emisora RHC, Cadena Azul
> 14 de mayo de 1942

Finalmente añado una Décima de Controversia entre, Jesús Orta Ruiz (1922-2005), el Indio Naborí, y Angelito Valiente (1916-1987), dos destacados poetas y decimistas. Fue, junto con el Indio Naborí, protagonista de la Controversia del Siglo en el año 1955, en San Antonio de los Baños (5).

Comienza: Indio Naborí

*Amor no es pedir: es dar
la casa, el lecho, la mesa...
Es —según Santa Teresa—
la alegría de alegrar...
Ser feliz al escuchar
la risa de los felices,
ver los humanos deslices
con el perdón más profundo,
¡sentir que el tronco del mundo
tiene en nosotros raíces!*

Responde: Ángel Valiente

*Y por el amor también
el hombre se ofusca y mata
cuando la mujer ingrata
no le corresponde bien.
Cuando traición y desdén
marchitan su amor profundo,
cuando un loco furibundo
se arrebata y busca el pecho
que le ha robado el derecho
de ser feliz en el mundo.*

Notas

(1) Carolina Poncet y Cárdenas: *Investigaciones y apuntes literarios*, selección y prólogo de Mirta Aguirre, Editorial Letras Cubanas, La Habana, 1985, p. 16.

(2) Virgilio López Lemus: *La décima. Panorama breve de la décima cubana*, Editorial Academia, La Habana, 1995, p. 1.

(3) Waldo González López: «Sobre *Juego y otros poemas* de Mirta Aguirre», en su libro de ensayo *Escribir para niños y jóvenes*, Editorial Gente Nueva, La Habana, 1983, p. 45.

(4) Lukin, Boris, V.:«*Testimonios sobre la poesía popular cubana del segundo tercio del siglo XIX*», Universidad de Oriente, Santiago de Cuba, 1978

(5) Catorce decimistas cubanos del siglo XX. México, Frente de Afirmación Hispanista, A.C., 2016 y Jesús Ortega Ruiz: *Décima y folclor*, Ediciones Unión, La Habana, 1980, p. 38.

Bibliografía adicional

Menéndez, Alberdi, Adolfo: «*La décima escrita*», Ediciones Unión, La Habana, 1986

Jesús Ortega Ruiz: *Décima y folclor*, Ediciones Unión, La Habana, 1980, p.38.

La poesía en el romanticismo cubano: Plácido

Cabe a Plácido la precedencia entre los poetas de calidad de la plenitud romántica. Usó este seudónimo, un mestizo (hijo de una bailarina española y de un mulato peluquero) llamado GABRIEL DE LA CONCEPCIÓN VALDÉS, nacido en La Habana, en 1809, cuyo apellido debiose a su condición de incluso de la Casa de Beneficencia. Su vida fue triste y angustiosa se ganó el sustento practicando varios oficios y también escribiendo composiciones de ocasión. Se le complicó en un proceso, incoado con motivo de una conspiración de hombres de su raza que se conoce con el nombre de «Conspiración de la Escalera» (debido al cruel suplicio que sufrían los encartados, que eran martirizados, amarrados a una escalera) y, a pesar de su inocencia, murió fusilado en Matanzas, en 1844. Hay en sus versos innegable genio poético, que no pudo brillar en todo el esplendor do que hubiera sido capaz, por su falta de cultura. Por eso de su vastísima producción, sólo pueden seleccionarse algunas composiciones, en que el destello genial se sobrepone, y que son suficientes para que se le considere como uno de los grandes poetas de la lírica cubana, algunas de cuyas creaciones han sido traducidas a varios idiomas, y fueron saludadas con grandes elogios por la crítica.

La primera edición de sus Poesías vio la luz en Matanzas, en 1838. Más tarde, se hizo una que comprendía todo cuanto produjo; la ordenó y prologó Sebastián A. de Morales (1880); y ha sido el mayor daño que se ha hecho a su fama, pues abunda en muchas de sus composiciones el estilo melodramático, con una abundancia excesiva de detalles, melodía empalagosa y excesiva ingenuidad intima, que causa el mal gusto. Era el tipo genuino del improvisador, y en las obras que eran producto de la rapidez, como aún en otras elaboradas, aunque con las limitaciones de su desorganizada cultura, producto de esporádicas lecturas, hechas sin una base sólida de preparación, abundan los sonidos vulgares, la falta de armonía o de entonación poética, la pobreza de vocabulario y la confusión en los significados de los vocablos. Siempre había, sin duda, espontaneidad en la rima, musicalidad, fuerza de colorido, poder imaginativo; todo lo cual, unido a ese toque divino que se reserva al genio iluminó ciertas poesías, como decía, que glorifican su nombre, como: la plegaria A Dios, el romance *Jicotencal*, la letrilla La flor de la caña, el soneto La muerte de Gesler.

La *Plegaria A Dios* es admirable por su tensión lírica, por la manera que expresa sus deseos y por el hermoso espíritu de resignación que la anima. La compuso en vísperas de su fusilamiento (al par que los sonetos La fatalidad y Despedida a mi madre y la oda Adiós a mi lira; todas muy sentidas), y se ha dicho que fue recitándola, camino del cadalso, aunque no ha sido probada esta afirmación. Está escrita en sextinas y uno de los motivos que más garantizan sus cualidades es la sinceridad que transpira, pues se la dictaron sentimientos que no pudo contener, en momentos supremos de su vida:

> Ser de inmensa bondad, ¡Dios poderoso!,
> a vos acudo en mi dolor vehemente...
> ¡Extended vuestro brazo omnipotente,
> rasgad de la calumnia el velo odioso,
> y arrancad este sello ignominioso,
> con que el mundo manchar quiere mi frente!

El romance *Jicontecal* es de tal fuerza narrativa, hecha con tal sencillez y naturalidad, expresadas en un ritmo fluido, de tan vivo dinamismo y sabor dramático, de líneas tan seguras en la descripción y carácter del protagonista, que Menéndez y Pelayo la ha calificado como «magistral y primoroso... que Góngora no desdeñaría entre los suyos» La flor de la caña, de fondo erótico, seduce por la suavidad y la gracia, deslizadas en un metro tan propicio como el hexasílabo. El soneto La muerte de Gesler, como el titulado El Juramento, son latidos de una poesía civil, que en el primero es de intención indirecta y bien directa en el segundo. Plácido fue muy inclinado a cultivar el soneto del que ha dejado una cantidad considerable, como de romances. Discípulo de Zorrilla, compuso leyendas, aunque sin el acierto del maestro. De todos los motivos, el que más le atrajo fue el amoroso, aunque no siempre felizmente, como en la citada letrilla, y en el soneto Amor ingrato, que bien mereciera ser seleccionado.

Otros de la misma época de Plácido fueron varios poetas, que sí le aventajaron en una superación cultural, en su mayoría, porque dispusieron de mejores medios de vida, no se le acercan siquiera, en las dotes extraordinarias que hemos reconocido, ni produjeron una sola composición que pueda hombrearse con alguna de las que hemos destacado como las representativas de su genio. Fueron, sin embargo, poetas de apreciables cualidades, que bien merecen el recuerdo:

RAMÓN VÉLEZ HERRERA (1809-1886), muy culto, a quien sus contemporáneos denominaron como una expresión de reconocimiento a sus facultades, El Vate; que publicó tres volúmenes de Poesías (1833, 1837 y 1838), lo cual demuestra su fecundidad; y a los cuales hay que sumar Flores de Otoño (1846) y lo mejor de su producción: Romances Cubanos (1856). JOSÉ POLICARPO VALDÉS (1807-1852) que, por el contrario de Plácido y El Vate, fue parco en su volumen creativo; se inclinó a la poesía reflexiva y usó el seudónimo de Polidoro. MIGUEL DE CÁRDENAS (1808-1890) es de menor calidad que os anteriores y gustó mucho de la poesía incidental; editó el libreto Flores cubanas dedicadas a las habaneras (1842) y Poesías (Madrid, 1854). JOSÉ L. ALFONSO Y GARCÍA (1810-1881) pertenece también a los poetas de producción copiosa, aunque nunca adoleció de incorrección y siempre denotó buen gusto, como se aprecia en sus Cantos de un Peregrino (París, 1863). ÁNGEL TURLA (1813-1834) nacido incidentalmente en Estados Unidos de América, dejó una poesía tierna y delicada de positiva finura artística; pero que no publicó ninguna colección de sus versos. Hay un poeta que es anterior a Plácido, pero que literalmente es de su promoción: ANACLETO BERMÚDEZ (1806-1852), que firmó sus poemas con el seudónimo de Fileno; compuso gran parte de sus versos, siguiendo los rumbos neoclásicos (como el mismo Plácido, en muchas de sus obras) y que empleó un acento sentimental muy delicado.

Sobresalió con mayores facultades, entre todos, FRANCISCO DE PAULA ORGAZ (1815-1873), de seria formación humanística, hecha en el Seminario de San Carlos, primeramente, y en España después, y que fue profesor de literatura, en el Liceo Artístico de Salamanca. Su amor a Cuba fue estímulo de su musa, y en diversas composiciones, como *Un recuerdo a mi patria*, deja constancia de ello, así como otras que hay que clasificar en el ciboneyismo (tendencia poética basada en las leyendas y tradiciones de los siboneyes), y que agrupó bajo el título *Las Tropicales* (1859). Su libro *Preludios del Arpa* (1841) le valió que el Capitán General de Cuba prohibiera su circulación en la Isla.

Otros coetáneos de Plácido se distinguieron más en el relato costumbrista que en la poesía.

Fuentes

Historia de la poesía hispanoamericana. Tomo 1, Alicante : Biblioteca Virtual Miguel de Cervantes, 2008

Las cien mejores poesías cubanas. José María Chacón y Calvo, edición facsimilar. Miami, 2004

La única novela martiana

El objetivo de este trabajo no es otro que hacer hincapié en uno de los aspectos casi olvidados de la obra martiana: su prosa narrativa, en especial su única novela, **Amistad funesta,** más tarde reeditada con el título de *Lucía Jerez*, en alusión a uno de sus personajes.

Esta fue escrita por encargo de su amiga, la Srta. Adelaida Baralt, para ser publicada en el rotativo bimensual El Latino Americano, en 1885.*

Martí ni siquiera firmó su propio nombre, sino que utilizó el pseudónimo de «Adelaida Ral». Es en realidad un hecho fortuito el que Gonzalo de Quesada y Aróstegui la encontrara en unas páginas sueltas de El Latino Americano, corregidas a mano por el Apóstol (1).

La mayoría de los críticos no asocia el género con Martí, y simplemente mencionan que escribió **Amistad funesta**. Pues bien, Martí tiene sus propias ideas de la novela, y si bien no escribió más novelas, tiene diseminada por toda su obra una serie de comentarios e ideas de lo que es una buena novela. Baste citar lo que dice en el prólogo a la traducción que hiciera de Ramona, de Helen Hunt Jackson, en 1887, «se disfruta de un libro que, sin ofender la razón, calienta el alma, ... Todos hallarán en Ramona un placer exquisito: mérito el literato, color el artista, ánimo el generoso, lección el político, ejemplo los amantes, y los cansados entretenimientos» (2).

Con respecto a **Amistad funesta**, las circunstancias en torno a su gestación parecen indicar el disgusto del autor al escribirla. En el prólogo la califica de «noveluca» y hasta se excusa de haberla escrito (3). Tal parece que la novela fue escrita de acuerdo con el gusto ajeno, simple y sencillamente por razones comerciales. En el siguiente fragmento se pone de manifiesto esta idea claramente, «... novelas como ésta, de puro cuento en las que no es dado tender a nada serio, porque esto, a juicio de los editores, aburre a la gente lectora; ni siquiera es lícito, por lo llano de los tiempos, levantar el espíritu del público con hazañas de caballeros y héroes...» (4).

La alusión al juicio de los editores es significativa del estado de ánimo del autor. Refiriéndose al personaje central masculino, Juan Jerez, el propio Martí nos dice que éste empezó con mejores destinos de los que al fin tiene, ya que una «prudente observación» tronchó su carrera, convirtiéndolo en un simple galán de amores. Toda esta amargura interior de Martí a causa de la interferencia externa, se pone de manifiesto en una de las notas más sarcásticas e irónicas que encontramos en la obra martiana, «en la novela había de haber mucho amor; alguna muerte; muchas muchachas, ninguna pasión pecaminosa; y nada que no fuese del mayor agrado de los padres de familia y de los Sres. Sacerdotes» (5).

El resultado es una «noveluca», como la llama su autor, llena de un romanticismo fácil, cursi y falso. No obstante esto, la novela tiene valores indudables, que trataremos de destacar. La trama de la novela es bien simple, es la historia amorosa de Juan Jerez y su prima Lucía. Además de esta trama principal, hay varias, que van a converger a la principal: los amoríos de Adela y Pedro Real, la historia de Sol del Valle y la enfermedad de Ana. El punto de contacto es la visita del pianista húngaro llamado Kellefy. Hay una fiesta, en ella seguimos el desarrollo de las relaciones entre Adela y Pedro; también vemos cómo se le pide a Lucía que ampare a Sol, y aquélla, a pesar de sus celos, accede; y finalmente la enfermedad de Ana, matizando todo el conjunto.

A partir de este momento, la acción cobrará bríos para culminar en la finca, en el campo, la vuelta a la naturaleza recetada por el médico para la salud de Ana: alegría y aire puro. En efecto, toda marcha a pedir de boca, Ana se siente mejor, y aparentemente reina la armonía y la alegría. Martí nos lleva al ambiente de fiesta, donde todos están en el mejor estado de ánimo para celebrar su alegre estancia en el campo. De pronto una criada viene con la noticia de que Lucía no quiere abrir la puerta de su cuarto. Lucía ha sido víctima de un ataque de rabia y de celos ante la hermosura de Sol, pero al fin se decide a bajar.

Lo hace en los precisos instantes en que Juan, llevando del brazo a Sol, se dispone a subir. Lucia, fuera de sí, toma una pistola de una cesta en manos de un criado que pasaba, y descarga un mortal pistoletazo en el pecho de Sol.

Como puede apreciarse, la novela es esencialmente romántica, llena de una serie de coincidencias y hechos fortuitos que contribuyen a este efecto. La sensación de penumbra y misterio que envuelve la obra también es un factor importante en esta dirección. Martí ni siquiera nos dice dónde tiene lugar la acción y a través de todo el relato juega con las combinaciones y efectos de luz y color, marcando una serie de contrastes y aires misteriosos típicos del Romanticismo.

Amistad funesta consta de tres capítulos. En el primero, sólo conocemos el pequeño mundo en que se desenvuelven todos los protagonistas excepto Sol. Aquí los conocemos, y se nos esbozan las líneas argumentales antes mencionadas. En el segundo, Martí nos relata la historia de la familia del Valle desde su salida de España hasta el momento en que se desarrolla la acción. Este capítulo por entero es ejemplo excelente de una de las técnicas usadas, la de la retrospección. Martí deja la acción presente para remontarse al pasado y de esta forma darnos una serie de datos necesarios para comprender a sus personajes en el momento actual. El tercer capítulo es el más largo y es donde la acción avanza más rápidamente; a partir del momento en que marchan al campo, se concentra y precipita en vertiginosa carrera a su trágico fin. También en este capítulo encontramos la técnica retrospectiva, usada de manera acertadísima por el autor para ponernos al corriente de lo sucedido a Sol desde su salida del colegio.

Consecuencia directa de esta técnica retrospectiva es la suspensión dramática. Lógicamente, cuando Martí tiene que retrotraerse para contarnos algo, deja interrumpido lo que estaba ocurriendo. Otro de sus recursos para intensificar la suspensión dramática es irnos anunciando algo desde el primer capítulo que nos contará en el tercero. Pedro, en el primero, menciona, al final del mismo, que Sol está próxima a salir del colegio; a finales del segundo, se vuelve a mencionar que Sol va a salir del colegio, pero no es hasta el tercero en que nos enteramos de lo sucedido.

Para regresar a una acción que ha tenido que dejar, Martí escoge a una magnolia del jardín como punto de referencia, y así desde el principio hasta el fin de la obra entra en acciones interrumpidas por medio de la «frondosa magnolia».

Otro detalle técnico, digno de mencionar, es la sintaxis. Martí, como buen orador que era, lleva a la prosa narrativa varias de las características de la oratoria. Diseminada por toda la obra, podemos encontrar una serie de pequeños discursos. Merece la pena citarse el siguiente fragmento como ejemplo de esto:

> *Los estudiantes, no, esos estaban por las calles, aunque en los balcones tenían a sus hermanas y a sus novias; los estudiantes estaban en la procesión vestidos de negro, y entre admirados y envidiosos de los muertos a quienes iban a visitar, porque éstos, al fin, ya habían muerto en defensa de su patria, pero ellos todavía no; y saludaban a sus hermanas y novias en los balcones, como si se despidieran de ellas. Los estudiantes fueron en masa a honrar a los muertos. Los estudiantes, que son el baluarte de la libertad y su ejército más firme...* (6).

Si nos fijamos bien en esta selección, veremos otra nota importante: la repetición de un mismo elemento. Esta repetición es uno de los factores que contribuyen a darle a la prosa martiana una cierta musicalidad. El propio Unamuno en un artículo sobre Martí, prestó atención a este detalle al decir, «hay que leer con los oídos y no con los ojos» (7).

Otro rasgo estilístico a señalar es la prosa poética. Dice Anderson Imbert que la prosa poética tiene la forma interior de la poesía y que además equivale a rechazar la realidad común por parte del autor para crear una realidad propia a base de bellas imágenes (8). Martí, efectivamente crea una realidad personalísima, llena no sólo de bellas imágenes, sino también de ideales. No puede prescindir de la realidad, pero tampoco la puede aceptar tal y como es, y por tanto nos la da como él la ve o quisiera verla. Para lograr esto embellece esta realidad común a base de bellas imágenes y de los más altos ideales de acuerdo con sus vivencias básicas. Embellece la naturaleza: la magnolia, el viaje al campo, la antesala de la casa, en fin, todas las cosas que rodean a los personajes. Tampoco olvida a éstos, tanto los principales como los secundarios reciben esta dosis de embellecimiento poético con lo que nos quedan grabados con una impresión fija. Kellefy, el pianista, se distingue «por la suavidad de su mirada, y el ardor de su discurso...» (9). Sol deja de ser de carne y hueso para elevarse a un plano superior, olímpico, «y al verla andar, la concurrencia aplaudía, como si la música no hubiera cesado, como si se sintiese favorecida por la visita de un ser de esferas superiores» (10).

Finalmente, veamos a los personajes de la novela. Creados a la manera romántica, se nos presentan generalmente simples y llegando a los extremos en sus rasgos característicos. Juan es el idealista en grado sumo; Sol es bondad; Ana, la enferma; Adela, la vivaz, hasta la misma Lucía llega al extremo en sus celos. Estos rasgos están entrelazados en marcados contrastes acertadamente logrados por el autor. Lucía es mala, pero Sol es buena; Ana está enferma, pero Adela está llena de vida; Juan es el idealista, y Pedro, el calavera. Ana, que es la artista, la fuerza creadora, se muere, y Pedro, que es el mujeriego, se siente desarmado ante la pureza y bondad de Sol. Martí utiliza colores para caracterizar a sus personales. Ana el azul (la gloria, la excelsitud y el idealismo), Sol, el oro; Lucía, el rojo (pasión). Juan Jerez es la réplica de Martí. Es piadoso, quiere hacer el bien, incorruptible, y se goza al hacer algo en pos de un gran bien, como el propio Apóstol cuando trabajaba por la independencia patria. Otro rasgo autobiográfico es la contraposición entre Juan y Lucia, muy semejante a la propia situación del autor en relación con su esposa Carmen Zayas-Bazán, que pretendía poseerlo totalmente, sin tomar en cuenta la dedicación tanto física como espiritual de Martí en la libertad de Cuba.

Tanto Juan, como Sol, como Lucía, como todos los personajes en la obra, son simples y de una sola faceta. Sabemos cómo van a actuar, ya que su destino está marcado desde el comienzo de la novela.

En los personajes accesorios, como los que encontramos en el segundo capítulo, donde se nos relata la historia de la familia del Valle, encontramos algunos de marcado interés. Uno de los que muestra un rasgo puramente autobiográfico y que nos impresionó favorablemente fue Manuelillo, el hermano de Sol. Este no es otro que Martí de joven, y cuando se le destierra nos deja una de las más conmovedoras impresiones de toda la novela, la de aquel que deja su Patria sabiendo que no ha de volverla a ver, «... sentadito en la popa del barco, fijaba en la costa de su patria los ojos anegados de tan triste manera, que a pesar del águila, nueva que llevaba en el alma, le parecía que iba todo muerto y sin capacidad de resurrección y que era como un árbol prendido a aquella costa por las raíces...» (11).

Conclusiones

La novela, como se ha visto, no es una gran novela, ni puede comparársele con las grandes creaciones novelísticas, pero indudablemente posee méritos indiscutibles.

Ante todo, expresa fija y cabalmente, el temperamento del autor; sus postulados y virtudes básicas dentro de su escala de valores. Literariamente, se crea un cosmos aparte, una sociedad en miniatura, a base de cultura, donde se mueven los seis personajes. En un ambiente «preciosista», típico del «Modernismo», cargado de símbolos, alegorías y metáforas.

Espero que este trabajo haya servido para un mejor entendimiento de la obra martiana y, sobre todo, para que no se descarte el género novelístico en Martí y se haga una justa revaloración de **Amistad funesta**.

* El texto de **Amistad funesta** no responde a un impulso auténtico de Martí, sino a una obligación asumida, con mucha probabilidad, por razones de carácter económico. Este antecedente se ve corroborado al leer las redondillas que Martí escribió en el momento de enviar a Adelaida la quinta parte del dinero que le habían pagado por la novela:

> De una novela sin arte
> la comisión ahí le envío:
> ¡Bien haya el pecado mío,
> ya que a Ud. le deja parte!
>
> Cincuenta y cinco fue el precio:
> la quinta es de Ud.: la quinta
> de cincuenta y cinco, pinta
> once, si yo no soy necio.
>
> Para alivio de desgracias
> ¡Sea!: de lo que yo no quiero
> aliviarme es del sincero
> deber de darle las gracias.

La actitud de Martí en estas estrofas es inequívocamente peyorativa hacia el texto novelesco. Además de que comienza llamando a su relato «novela sin arte», insiste después en la conciencia culpable de haberla escrito.

Notas

(1) José Martí, Obras Completas, ed. Gonzalo de Quesada y Miranda (La Habana: Editorial Trópico, 1940), vol. 25, prólogo, p. 1.

(2) José Martí, Obras Completas, eds. M. I. Méndez, M. S. Roca y R. Marquina (La Habana: Editorial Lex, 1953), vol II, p. 892.

(3) Ibid., p. 1584.

(4) Ibid., p.1585.

(5) Ibid., p. 1585.

(6) Ibid, p. 1630.

(7) Miguel de Unamuno, «Carta sobre Martí», Archivo José Martí, No. 11, tomo IV, 1947, p. 19.

(8) Enrique Anderson Imbert, Estudios sobre escritores de América (Buenos Aires: Editorial Raigal, 1954), p. 125.

(9) Trópico, vol. 25, p. 125.

(10) Lex, p. 1619.

(11) Ibid., p. 1607.

La metáfora en *Paradiso*

El realismo mágico es una visión despectiva de América desde Francia. El Realismo metafórico es una visión de América desde sí misma. El Realismo mágico es una explicación del hombre americano en una etapa mágica donde la imaginación predomina sobre la razón.

En este estado las fuerzas animistas y mágicas violan constantemente las leyes científicas de la naturaleza: en *Cien años de Soledad*, cuando los gitanos vuelan en una alfombra mágica, Buendía advierte que él un día volará científicamente. En *Paradiso* (1) de Lezama Lima sucede todo lo contrario: lo que se viola en *Paradiso* son las leyes de la palabra; por eso, *Paradiso* es de un realismo y un irrealismo metafórico. La magia es otra cosa, es una violación fáctica, porque es un quebrantamiento de las leyes de la naturaleza. La metáfora por el contrario, es una violación de las leyes de la lengua a través de la impropiedad que se convierte en metáfora (2). Los cabellos de oro sólo existen en el ámbito de la palabra. Si los cabellos de oro fueran verdaderamente de oro, esto sería mito de Midas, fábula, alquimia, es decir magia. Cuba es un país metafórico. Confundir las violaciones del mundo de los hechos es un pecado extranjero. *Paradiso* es una visión de Cuba desde una perspectiva cubana. La metáfora es una destrucción de la palabra para crear una nueva realidad en la palabra. Basado en eso llevo a cabo este estudio de la estructura metafórica de *Paradiso*.

Las metáforas de la obra son metáforas tradicionales y los párrafos herméticos.

Las metáforas tradicionales. Gran parte de las metáforas tradicionales son netamente cubanas, tanto en el elemento metaforizado como en el elemento metafórico. Hay algunas metáforas que no tienen significado. Muchas veces la metáfora se retuerce en un chiste como lo hace el pueblo cubano y también el español. Analicemos algunos de estos ejemplos: «Día aladinesco» (3).

Se refiere a la lámpara mágica de Aladino, porque ese día la abuela, como un genio hacía una natilla para satisfacer los deseos reposteriles de toda la familia. «Quemarle los bigotes al Mont Blanck» (4), se refiere al procedimiento de quemar con una plancha hirviendo, al merengue que se pone sobre la natilla. «Sopor de cocodrilo» (5). Esta metáfora tiene un gran valor descriptivo, porque este ofidio tropical caza de noche y duerme de día. El valor descriptivo de esta metáfora se complementa con esta otra: «El caimán de un bostezo» (6). El caimán duerme de día con la boca abierta, porque en la ciénaga hay un pajarito que se llama palillo de diente, que se alimenta de los residuos de comida que hay entre los dientes del caimán. El caimán nunca le hace daño a este pequeño animal que le hace tan buen servicio dental.

«Michelena decía que el azúcar dependía del frío que sintiera la cordillera de la luna» (7). Este es un símil que se resuelve en metáfora, donde el autor demuestra el profundo conocimiento que tiene del cultivo de la caña de azúcar: Cuando la luna de enero pasa por los cañaverales aumenta el contenido de sacarosa de las cañas, lo que se llama en Cuba cañas de frío.

«El colibrí señor del terrón que pasa del éxtasis a la muerte» (8). El colibrí se alimenta, como las abejas, del polen de las plantas, en su brevedad se parece a las mariposas efímeras.

Su intenso vuelo estático es un éxtasis de muerte, también su vuelo estático lo hace una presa fácil. «El faisán rendido en cedazos» (9), es como Oppiano Licario llama al picadillo, porque este personaje explica que la metáfora es «una transmutación imaginativa para saltar lo vulgar» (10). Las metáforas como un silogismo de sobresalto. La función de la metáfora tradicional es iluminar al lector. Aún en las metáforas más difíciles cuando el lector se encuentra con una impropiedad, se confunde, se llena de sombras y se pierde; sin embargo, cuando descubre el nuevo significado se ilumina y entiende mejor el mensaje.

Pero no sucede así en esta novela; hay metáforas que son silogismo de confusión o como las llama Oppiano Licario: «silogismo de sobresalto», porque el autor las usa para confundir al lector confiado. Oppiano Licario las explica de esta manera: «provocar dialécticamente una iluminación que encegueciese por un efecto de confianza» (11).

Los párrafos herméticos. En los párrafos herméticos se le quita a las palabras la propiedad de su significado, entonces las palabras vacías adquieren una alegre agilidad, estos párrafos tratan de crear un lenguaje ideal, esotéricamente económicos en que cada palabra puede entrar en combinación con todas las palabras del idioma, produciendo un lenguaje poético que está muy lejos de la conversación cotidiana, porque ésta está sometida a las leyes de la propiedad. Lo que trata de hacer Lezama Lima es imposible, la metáfora es una técnica de destrucción del lenguaje a través de la impropiedad, pero el puente de la metáfora al crear un nuevo significado está a su vez lleno de múltiples matices interpretativos. No se puede vaciar a las palabras de su contenido para, con palabras vacías, crear un nuevo idioma. En un lenguaje sin significado la metáfora pierde su virtud porque la metáfora es el enriquecimiento múltiple, nacido de la síntesis de dos significados previos. La función de la metáfora es partir de un significado para llegar al más allá de un nuevo significado. Lezama Lima quiere crear un lenguaje que sea naturaleza misma; por eso, traiciona la esencia misma de la palabra que es imagen de la naturaleza y de las cosas, imagen sonora o escrita de algo. La índole de la palabra es ser imagen. Las palabras siempre son significantes de un significado; por lo tanto, cuando se le quita el significado a las palabras para producir una agrupación ideal, se está creando un idioma donde el significante es el significado mismo. Esto es imposible, pero el arte es libertad y comunicación, aunque se frustre en el intento mismo de transmitir su creación, que es su virtualidad.

Hay que precisar más, estas violaciones y estos atentados han ocurrido en el ámbito de la palabra, han sido contravenciones netamente lingüísticas; ni por un solo momento han ocurrido en el mundo de la naturaleza, en el mundo de los hechos, pues si hubiera sucedido en el mundo de la realidad natural, hubiera sido magia, realismo mágico.

Lezama Lima percibe las palabras en relación con su significado, pero a pesar de su ámbito creativo las palabras pierden su contenido, su significado original; las palabras adquieren entonces una libérrima actividad voluntaria con fuerza propia y suficiente para causar los fenómenos sicológicos vitales. Este es el espacio gnóstico. El poeta, en esta novela, es como un demiurgo, como un semidios intermedio entre lo sobrenatural y lo natural que relaciona lo eterno con lo temporal, lo finito con lo infinito, lo tangible con lo intangible; esta es, en esta perspectiva, la función de la palabra poética: La modelación y la modulación de la vibración cuantitativa para producir la comunicación de lo divino y lo humano; por eso ha borrado el significado a las palabras para producir la agrupación múltiple ideal. Lezama Lima pretende que la evaporación del significado levante la palabra de lo temporal a lo eterno, pero también puede ser a la inversa: de lo temporal al vacío de una tonta beatitud. Aquí hemos entrado en la mística de Lezama, que para explicarla mejor, tenemos que conjugarla con los otros elementos de su obra, integrarlo en su visión poética. La poesía ha sido siempre un medio para expresar una vivencia mística. En esta obra nos encontramos con una variación fundamental. La técnica y el ejercicio poético para Lezama Lima son místicos, y la mística en sí mismo. Esta es la herejía de la novela, la Torre de Babel y su paraíso perdido. La poesía metafórica es el instrumento idóneo para descubrir y describir la vivencia mística. La definición tiene muy poco que hacer en este ámbito porque la vivencia mística está viva y toda definición mata y condena la vida y la saca fuera del tiempo, Dios es un Dios de vivos, como dicen las escrituras. La poesía es el instrumento idóneo para penetrar el claroscuro del misterio y retornar con una metáfora o con una estructura metafórica que ilumine el escalofrío del misterio poético; todo lo venerable se apaga y se degenera si se le pone en un plano superior: si a la virgen se le trata como a una diosa, se le rebaja a la categoría de fetiche animista; lo mismo sucede con la poesía: cuando es imagen de un misterio es ámbito sagrado, pero cuando se convierte en diosa es una perra idólatra. En la novela hay metáforas religiosas que captan una intuición mística y la expresan en una metáfora. Estos tropos se ajustan a las características de la preceptiva metafórica tradicional.

La Perspectiva. La obra más que una novela es una autobiografía contada en tercera persona. El autor establece una comunicación con el pasado para descubrirse a sí mismo retrospectivamente, pero más que una autobiografía parece una historia familiar tomada de los diálogos familiares, que el autor ha venido escuchando desde su niñez, esto hace posible que el autor copie hasta el estilo familiar narrativo. La memoria contemplativa del autor facilita muchísimo su visión de la realidad poética. El autor sintió la necesidad de transformar sus experiencias vitales en un mundo poético. Su mundo histórico y su mundo poético no eran realidades diferentes. Su acierto creativo fue extraer lo poético de lo trivial. Lo que más continuidad argumental le da a la obra es su dualidad persona-personaje. Lezama Lima vivió iluminado y fascinado por el mundo que lo rodeaba y que él transformó en su obra y esa fue su perspectiva y su realidad. La verdad poética es otra cosa, es como la luz de la metáfora transforma la realidad en su perspectiva, es como la realidad de conocer y ser conocido trasfigurada en la palabra.

Creación de los Personajes. Cemí es el personaje que quiso crear Lezama Lima: el único inconveniente era que el personaje existía en la persona del autor. De todas maneras, el autor inventa el personaje para idealizarse y definirse. La novela es una búsqueda, un encuentro y una explicación de sí mismo. No sólo en presente y en pasado, sino también en el futuro del autor en la persona de Oppiano Licario. El autor estudia las enfermedades del niño, lo mismo hace con su temperamento imaginativo, después investiga la razón de ser de su persona en la herencia cultural y espiritual de sus padres y sus abuelos. La búsqueda de sí mismo se hace con la técnica de recrear el pasado con las reminiscencias y el recuerdo. De la niñez del personaje se pasa a la adolescencia, y de ahí a la vida universitaria. En un momento de la novela parece que tanta tradición familiar se frustra en un joven asmático con amigos homosexuales. La novela naufraga en un mar de palabras, como si la palabra se independizara de los hechos y la ficción de la biografía. Esta es la única salida sicológica que tiene el autor.

El personaje se libera de la persona y adquiere vida independiente en el ámbito de la ficción. ¿No será esta enajenación la falta de identidad de los homosexuales y el planteamiento de su angustia en un mundo en el que hasta las palabras han perdido su significado?

Foción y Fronesis son personajes creados por el autor, es decir que no tuvieron existencia propia. Fronesis representa simbólicamente la amistad platónica y Foción la homosexualidad como esclavitud del cuerpo. Ni Fronesis ni Foción parecen personajes reales. Los antecedentes familiares de Fronesis son fabricados. Los antecedentes familiares de Foción son inventados, tienen más justificación porque la locura le da más realidad a la tragedia. Es posible que Foción y Fronesis sean la proyección conflictiva íntima de Cemí. El ángel de luz y el ángel de sombras. Lo cierto es que cuando Cemí tiene el encuentro consigo mismo, estos personajes desaparecen de la novela. Oppiano Licario es siempre un personaje de ficción, pero con realidad estructural, hay momentos que este personaje es una imagen duplicada de Cemí: hasta su estado civil y las características familiares son las mismas. Oppiano Licario es el personaje que más dominio tiene de la técnica que pasa decantada al protagonista. La espiral creativa de Oppiano Licario pasa a la espiral de Cemí, y se constituye una sola fuerza creativa. Es posible que Cemí sea el verdadero creador de la novela y del autor en el ámbito de la palabra. La muerte de Opiano Licario le da al autor la oportunidad de narrar su futuro. Si el autor hubiera narrado la muerte de Cemí la bionovela hubiera perdido veracidad y el contacto necesario e imaginativo que la ficción necesita con el tiempo, que es lo mismo que decir la relación que la palabra tiene con la realidad. Este es el recurso creativo que usa el autor para narrar el futuro de la obra y explicar su técnica metafórica. Desde luego, que Oppiano Licario es el personaje que más dominio tiene de la transformación de la realidad a través de la metáfora; pero además es un personaje esotérico que oportuna e inesperadamente aparece en los momentos claves de la novela. Es el personaje que más dominio tiene de los párrafos herméticos, donde la metáfora deja de ser imagen y se convierte en naturaleza y en objeto mismo. Como si el significante se transformara en significado, como si el personaje se transformara en persona sin necesidad de tiempo y espacio creativo. Lo mismo que ha sucedido con la palabra.

Los personajes históricos. El padre es un personaje de gran fuerza expansiva; está creado con el recuerdo para salvarlo del olvido, es una vida trunca que se transforma en una fuerza que alienta la familia con su presencia espiritual. La fuerza expansiva del Coronel es tan grande que sigue viviendo como si las raíces de la muerte alimentaran la vida. La presencia del Coronel es tan importante en la obra, que en esta novela se puede repetir la frase temática de Marcel: Los muertos viajan con nosotros.

La Rialta es el personaje más destacado de la obra después de Cemí. La Rialta como todos los personajes de la familia son metáforas de personas que han existido en el tiempo. La Rialta se preocupa por el futuro de la familia y se sacrifica para realizar el presente, cumpliendo así su designio espiritual. La valentía y la resignación de la Rialta para aceptar su tragedia tiene una antítesis en uno de los antepasados del protagonista: el padre del Coronel que representa la fuerza en el cultivo de las cañas de azúcar en Las Villas; y su esposa que representa la delicadeza en el cultivo del tabaco en Pinar del Río.

El padre del Coronel amaba a su esposa con todas las fuerzas de su cuerpo y su alma, y cuando su esposa muere, posiblemente a causa de su propia fuerza vital, culpa a Dios de su tragedia y se deja morir de dolor y de soberbia. Ya cerca de su final confiesa sin humildad: «Dios no debiera haber hecho esto ni yo tampoco debiera haber hecho esto» (12). Cuando el Coronel muere la Rialta hace todo lo contrario, acepta su dolor y entrega su vida a la misión de criar y educar heroicamente a sus hijos.

Los personajes secundarios. Lezama Lima tiene la habilidad de darle veracidad a sus personajes con rasgos rápidos, no hace caricaturas exageradas, sino perfiles sicológicos vivos y existenciales. Uno de estos personajes es Tranquilino, que es un personaje secundario que aparece brevemente en la obra lleno de una realidad misteriosa. El autor no lo describe en tercera persona, sino que la descripción es hecha por otro personaje secundario. El Capitán Viole:

> *Además, te he visto entrar de noche en el Monte Barreto, sin zapatos y con los pies llenos de hormigas, como si estuvieses adormecido, y acariciar a los gatos salvajes como si tuvieses para ellos una contraseña y te reconociesen. Me han contado también que en Sancti Spiritus fuiste acólito, para darle algún nombre, de un tal Rey Lulo, que se decía descendiente de reyes de Tanganyika, y que andaba llevando en sus manos un ramo de naranjo, símbolo de su linaje.*(13)

La descripción del personaje sigue en este tono mistérico. La técnica y el estilo de narrar están logrados con los términos tradicionales de la brujería y de los conjuros cubanos. Lo que más veracidad le da al personaje, es que el autor lo toma de la cantera inagotable de las leyendas negras. Cuando el autor de la novela interviene en la tercera persona del narrador civilizado, para desmentir al personaje narrador, se vuelve más fantástico y misterioso que los narradores legendarios. El autor sigue hablando de la doma increíble de los potros salvajes y de la amistad del personaje con las sabandijas del monte y de sus poros abiertos por el sol, por donde las estrellas le comunicaban una amistad secreta y misteriosa.

El tiempo. La novela es un arte de tiempo. Una novela es tan buena como su autor trabaja el tiempo. El tiempo está trabajado convencionalmente. El autor construye el pasado con el recuerdo y las reminiscencias infantiles. Esa es la intención de la novela y su arte conservar el tiempo en la trama de la novela. El autor retiene el tiempo en la descripción de los detalles de los objetos. Las cosas y las situaciones son elaboradas con artesanía de orfebre o con arte de ebanista, bien sea en la descripción del reloj de la abuela o en la descripción de un ángelus de palomas circulares. El efecto del tiempo creado se logra sentimentalmente a través de la memoria emotiva y la concentración contemplativa del autor. Es una novela ciclo: niñez, adolescencia y juventud. El autor se va al pasado inmediato o al pasado remoto, pero en ambos casos vuelve convencionalmente. El tiempo es el tiempo de la república de Cuba hasta los años treinta, después la acción continua, pero ya es más difícil encontrarle sus concomitantes históricos. El estudio de los padres y los abuelos da una visión del exilio cubano durante las guerras de independencias. El simpático incidente de la vieja Mela da una perspectiva de la guerra de independencia en la campiña cubana.

Organización de la novela por capítulos.
Cap. I - La novela se inicia en el campamento militar de Columbia. El autor-protagonista tiene cinco años.

Cap. II - Campamento militar de Columbia. El autor tiene aproximadamente 10 años. Viaje a Jamaica y a México.

Cap. III - Pasado remoto. Historia de la familia de la madre. Tampa durante el exilio de la guerra de independencia.

Cap. IV - Historia de la familia del padre. Abuela paterna. Pinar del Río. Delicadeza. Cultivo del tabaco. Abuelo paterno. Las Villas. La fuerza. Cultivo de la caña de azúcar.

Cap. V - Retorno de las dos familias a sus casas de la calle Prado. Confluencia paterna y materna. Principio de la República.

Cap. VI - Retorno al pasado remoto. La vieja Mela. La guerra de independencia en la campiña cubana. Bodas del Coronel y la Rialta. Viaje a Jacksonville. La muerte del Coronel.

Cap. VII - Retorno a la casa de la calle Prado. Vida familiar. La muerte de Alberto.

Cap. VIII - La escuela. Una torpe y exagerada pornografía homosexual con hipérboles aberrantes.

Cap. IX - Fronesis y Foción. Platonismo y homosexualismo.

Cap. X - Foción y Fronesis. Homosexualismo y platonismo.

Cap. XI - Desaparición de Fronesis y Foción. Fronesis. Viaje a Las Villas. Muerte de la abuela materna. Foción. Liberación del árbol de la materia.

Cap. XII - La Multinovela.

Cap. XIII - El ómnibus. Oppiano Licario.

Cap. XIV - La transfiguración de la vida en novela. La palabra como naturaleza comienza a narrar la vida. La muerte de Oppiano Licario.

Los siete primeros capítulos están dedicados a la historia del personaje y su familia. Los capítulos 8, 9, 10 y 11 están dedicados al homosexualismo y a las relaciones entre Cemí, Foción y Fronesis.

En el capítulo 12 comienza la despersonalización, la autodefinición de la teoría de la novela y la transfiguración en la palabra.

El Argumento. El argumento de la novela es la vida del personaje y su familia que coincide con los más altos valores de la familia cubana al final del siglo XIX y del siglo XX. El personaje autor narra en tercera persona su niñez, la vida de sus padres y sus cuatro abuelos, también estudia la idiosincrasia familiar y ambiental. La muerte del padre del protagonista se interpreta como una mística desaparición para alimentar con su ausencia la realización del protagonista. La madre es la guardiana de este testimonio, ella misma es un testimonio de sacrificio y abnegación familiar para que pueda surgir el personaje en toda su potencia y posibilidades, para que se realice la transfiguración de la vida en novela. Cuando está a punto de surgir esta posibilidad la acción de la novela se frustra, y se desata en la pornografía homosexual del capítulo octavo. Después de este capítulo decadente, continúa el problema homosexual, pero en un plano más discreto. Un día que el protagonista había arriesgado su vida en la famosa manifestación del 30, la madre le señala a su hijo su verdadera misión de hacer lo más difícil y de transformar la vida en novela. El personaje ya joven tiene dos amigos: Fronesis que representa la amistad platónica y Foción que representa la homosexualidad como una esclavitud de la materia. Estas relaciones se analizan y se describen hasta la saciedad: sus orígenes, sus antecedentes, sus sublimaciones y sus inclinaciones subterráneas, algunas verdaderamente perversas. El homosexualismo es también estudiado con una gran cantidad de citas, muchas de ellas distorsionadas y otras falsas. Esta parte de la obra tiene contenido argumental y se mantiene el hilo de la historia. Fronesis le escribe unos versos a Cemí, que son un estudio poético del personaje, se los entrega y después desaparece en un viaje de vacaciones. La última vez que vemos a Foción está atado al árbol de la materia en una locura circular. La noche que muere la abuela mística, de quién Cemí ha heredado la virtud contemplativa, un rayo significante fulmina el árbol de la materia y Foción es liberado de su esclavitud circular. El final de estos personajes es abrupto, pero está de acuerdo con su carácter simbólico por carecer de existencia vital.

En los últimos capítulos la novela se desplaza hacia una serie de narraciones que nada tienen que ver con la historia de la novela, aunque tiene la virtud de despersonalizar la obra de su historia para darle paso a su final simbólico donde el tiempo no existe.

Oppiano Licario es el personaje retórico clave, que le enseña al protagonista el ritmo hezicástico y la técnica de tratar la palabra como naturaleza misma para lograr la transformación de la vida en el ámbito de la palabra. Junto al argumento de la obra que es la vida del personaje hay otro elemento de continuidad en la obra: la metáfora. La metáfora pudiera ser la lógica de la novela, pero no lo es. La función de la metáfora es iluminar, y esto lo hay en la obra. El protagonista es una metáfora del autor. Fronesis y Foción son personajes simbólicos. La obra está llena de metáforas que aclaran las experiencias personales del autor; sin embargo en la obra hay metáforas que son silogismos de confusión, «silogismos de sobresalto», como los llama Oppiano Licario, porque cuando el autor se ilumina con la claridad de la metáfora se siente seguro y, entonces, el autor trata de confundirlo. Es más, a veces la palabra en que se basa la metáfora, no es imagen de una realidad, sino que quiere ser naturaleza misma, es decir significante sin significado; por eso la obra que, a veces, es de un gran realismo metafórico, otras veces es un irrealismo metafórico. Lezama Lima a veces desciende a los subterráneos más profundos del alma y regresa con una metáfora luminosa, en la cual, expone con gran claridad sus vivencias más oscuras sin congelarlas ni asesinarlas en una definición.

Los diálogos de Cemí con su madre y su abuela son profundos y bellos, llenos de sabiduría contemplativa y sus metáforas tienen la virtud de captar vivencias religiosas e intuiciones místicas. Ortega y Gaset 14 en su estudio sobre Góngora cita al antropólogo alemán Edwar Daqué que nos dice que los Cíclopes eran unos gigantes de un solo ojo, pero este ojo impar no era para ver las cosas cotidianas y normales, sino que este ojo único tenía la virtud intuitiva de penetrar lo misterioso y oculto. Por eso, nos dice Ortega que Góngora es a veces Cíclope y a veces tuerto.

Lezama Lima es a veces Cíclope y a veces ciego. Lezama Lima como Orfeo ha bajado a los infiernos con un arpa intuitiva, pero en el retorno rompe su arpa. La metáfora es imagen de realidad o de una intuición, se ha cumplido en la novela el deseo temático de la Rialta, de transfigurar la vida en Paradiso.

Notas

(1) Lezama Lima José, *Paradiso,* México, Ediciones ERA, S.A., segunda edición México 1970. En las otras citas de este ensayo sólo se hará referencia a la página.

(2) Reducción de la desviación: metáfora. (Jean Cohen, *Estructura del lenguaje poético,* Editorial Gredos, Madrid).

Toda metáfora consta de dos violaciones: primero, la impertinencia que es una violación del código de la palabra en un plano sintagmático después de la metáfora que es una violación del código de la lengua y se sitúa en un plano paradigmático. En la metáfora hay una violación lingüística. En el mito hay una violación de las leyes de la naturaleza. Lo que tiene de fabuloso el mito, los cuentos de hadas, la maquinaria mágica de la épica y el realismo mágico es una violación de las leyes de la naturaleza. Eso es lo irreal de lo fantástico. En estos conceptos hay una ruptura de las leyes naturales: los árboles andan, los caballos vuelan y los hombres se metamorfosean. En lo fabuloso del mito y la leyenda lo milagroso está en la violación de las leyes naturales: es una violación del mundo de los hechos. En la metáfora la violación es lingüística. El poeta puede tener una amada que sea muy rubia y puede decirle que tiene los cabellos de oro, pero el milagro sólo sucede en las palabras; pero si el Rey Midas, el de la leyenda, le toca los cabellos a una muchacha, los cabellos realmente se tornarán en oro.

(3) Pág. 16

(4) Pág. 17

(5) Pág. 37

(6) Pág. 231

(7) Pág. 120

(8) Pág. 120

(9) Pág. 450

(10) Pág. 450

(11) Pág.450

(12) Pág. 75

(13) Pág. 32

(14) Ortega y Gaset José, *Obras completas,* Editorial Revista de Occidente, Madrid.

Una leyenda afrocubana

Característico de la literatura cubana es la claridad gramatical, y sobre todo la musicalidad. Desde los clásicos como Heredia, Martí, y la Avellaneda hasta los de acento folclórico como Plácido y el Cucalambé, el ritmo siempre está bien definido. En realidad, para ciertos poetas es tan importante el ritmo como el significado, tal es el caso en La Rumba por José Z. Tallet que comienza con:

> ¡Zumba, mamá, la rumba y tambó!
> ¡Mabimba, mabomba, mabomba y bombó!

La literatura afrocubana promulga la influencia de la cultura africana en la isla. Las obras en esta literatura cubren desde la religión yoruba hasta la musicalidad folclórica. Los sufrimientos de la esclavitud y los perjuicios de ser negro o mulato también se detectan en muchas de estas obras. Uno de los elementos literarios usado por la lírica afrocubana es la leyenda, relación de sucesos que tienen más de tradicionales o maravillosos que de históricos o verdaderos. Un ejemplo característico lo es la leyenda de los endokes, muñecos de trapo que de repente cobran vida.

Los endokes

Cantaban. Siete voces con rumor de murmullo entonaban una súplica africana. Dulce al principio, se tornó áspera a medida que el ruego se elevó más y más y aquella cadena de gargantas y hombres tomaba el ritmo acompasado de un rito religioso. Cinco pares de manos, que detrás se movían formando otra cadena, hicieron retumbar el cuero de chivo de los tambores batá. Era medianoche. Los rostros de aquellos negros esclavos cimarrones comenzaron a reflejar terror porque sabían que estaban penetrando un espacio que no era dominio del hombre. Convocaban fuerzas sobrenaturales.

Alumbrados por fogatas, y sentados en la tierra con las manos entrelazadas, el coro formaba un círculo alrededor de tres muñecos de trapo y palo y con dos piedras chinatas como ojos. Cantaban y sonaban los cueros. Su arrullo cadencioso anidaba el temor de la profanación y el deseo de la profanación. Con la mirada enrojecida, las voces cobraron un color de hechicería y comenzaron a reflejar miedo a que su rezo no fuera escuchado, miedo a despertar a aquellos muñecos que sobre la tierra yacían difuntos, miedo al castigo porque clamaban por la resurrección. Miedo a Dios. «Y vendrá la resurrección de los muertos. Amén».

Transcurría el siglo diecinueve. Apartados de la humanidad, en un rincón perdido e inaccesible de las montañas de la provincia más oriental de Cuba, los cantores elevaron el tono de su invocación. Se aceleró el ritmo de los cueros. Calor, tenue al principio, ardiente después, hizo que la atmósfera se fuera convirtiendo en densa y pegajosa mientras aumentaba la intensidad de la ceremonia y los cuerpos temblaban y sudaban y sus rostros se transfiguraban como si alguna entidad desconocida se hubiese apoderado de ellos. Entraban en un feudo prohibido. Conectados entre sí, por las manos y la mente, los esclavos fugados hicieron un esfuerzo sobrehumano y desataron una corriente insospechada de energía y poder en su clamor por la resurrección y la vida. La liturgia creció en violencia, la vida se transformó en muerte, la muerte se transformó en vida, y el culto llegó a su clímax. El espacio sideral dejó de ser. Uno de los endokes movió una manita de trapo, otro paró la pequeña cabeza de palo, y al tercero las piedras chinatas de los ojos se le iluminaron con crueldad y miró a tres cimarrones que horrorizados se desplomaron. Repentinamente, los endokes cobraron vida, se levantaron de la tierra, clavaron sus pequeños ojos brillantes en los esclavos y comenzaron a bailar al compás de gargantas y tambores. Las llamas crepitaban. Sombras extrañas danzaban al resplandor de las fogatas. Durante un rato, los tres endokes convertidos en entes diminutos bailaron y escucharon promesas de los africanos restantes que, ya casi agotados, disminuyeron paulatinamente la cadencia y la fuerza del ritual. De pronto, los endokes se detuvieron, dejaron de danzar y cayeron inertes a tierra. Se habían convertido otra vez en muñecos de trapo y palo y con dos piedras chinatas como ojos. Los tres esclavos muertos fueron enterrados junto a los endokes.

Fuente
Leyendas afrocubanas, Natalia Bolívar, Porrua Editores (2016)

Nicolás Guillén
«Poesía mulata», poesía de «color cubano»

La creación de Nicolás Guillén, nacido en Camagüey en 1902, merece un recorrido para describir las innovaciones que provoca la inclusión del son en la poesía hispanoamericana. El son es la forma rítmica y métrica que utiliza el poeta cubano, —apegados a motivos populares— desde sus primeros libros *Motivos del Son (1930), Sóngoro Cosongo (1931)* hasta la estilización lírica en *El Son entero (1947).*

En Guillén el tema negro es consustancial (de la misma sustancia o naturaleza) con las otras tendencias que se advierten en su poesía. Guillén no va al negrismo por capricho ni por motivos ocasionales: el tema negro está ligado a las esencias de su manera poética de ser. En él, el negrismo no fue una *moda:* es un *modo.* En Guillén, que lleva mezcladas la sangre del blanco y la del negro, esa poesía tiene un fondo de emoción propia, inconfundible, y no es extraño que él mismo haya hablado de «poesía mulata» en vez de «poesía negra».

En efecto, la poesía de Nicolás Guillén que emerge de temas costumbristas y populares, hace un recorrido de maduración y depuración, hasta llegar a formas de concentrado lirismo y de complejidad rítmica en la utilización del son cubano y de metros variados de la antigua tradición hispánica.

El poeta, en el prólogo a la edición de 1931 de *Sóngoro Cosongo*, explica algunos aspectos de su nueva poesía: «No ignoro, desde luego, que estos versos le repugnan a muchas personas, porque ellos tratan asuntos de los negros y del pueblo... Diré finalmente que éstos son unos versos mulatos... la inyección africana en esta tierra es tan profunda, y se cruzan y entrecruzan en nuestra bien regada hidrografía social tantas corrientes capilares, que sería trabajo de miniaturistas desenredar el jeroglífico... Por lo pronto, el espíritu de Cuba es mestizo. Y del espíritu hacia la piel nos vendrá el color definitivo. Algún día se dirá: 'color cubano'».

En su segundo libro, *Sóngoro cosongo (1931),* el poeta ya está maduro. Ya la jitanjáfora (enunciado carente de sentido que pretende conseguir sonidos agradables) del título sugiere una nueva modalidad: la intercalación de vocablos de sonoridad recia, sin sentido a veces, y a veces provenientes de modos de expresión africanos:

> Yambambó, yambambó...
> ...Congo solongo del Songo.

El tema racial alcanza su más emotiva expresión en la espléndida *Balada de los dos abuelos.* Recordemos que la emigración conlleva problemas culturales que finalizan en el momento en que ambas culturas se mezclan. En *La Balada,* Nicolás Guillen expone su punto de vista sobre el choque cultural entre españoles y los esclavos africanos. Haciendo uso de sus recursos literarios el autor demuestra como dos culturas en conflicto se pueden conciliar.

El escrito consiste de 64 versos distribuidos en 8 estrofas. Las estrofas contienen diferente número de versos. Cabe destacar que el poema carece de rima pero es muy rítmico.

En el poema se aprecia un yo poético desde los primeros versos «Sombras que sólo yo veo, me escoltan mis dos abuelos». El yo poético expresa las diferencias entre sus dos abuelos. El abuelo negro se identifica con los esclavos africanos mientras que el abuelo blanco disfruta del oro. Con el uso de la anáfora (una repetición) lamenta el sufrir de su abuelo negro

> «—¡Me muero!» «—¡Me muero!»

Pero es con un epífora (repetición de una o varias palabras al final de enunciados consecutivos) con la que demuestra como ellos comparten la misma alegría juntos:

> «gritan, sueñan, lloran, cantan.
> Sueñan, lloran, cantan.
> Lloran, cantan.
> ¡Cantan!»

Al final se puede llegar a la conclusión de que no importan los problemas o diferencias entre dos personas. En este caso, el yo poético ha visto como sus dos abuelos se reúnen y cantan juntos.

En conclusión, es Nicolás Guillén el poeta que refunde mejor los temas negros a los de índole social a través de la uniformidad de toda su obra. Su escritura, desde sus libros iniciales, emerge creativa e innovador.

Fuentes

Biblioteca Virtual Miguel de Cervantes
http://www.cervantesvirtual.com/portales/nicolas_guillen/

Summa poética Nicolás Guillén. Grupo Anaya Publicaciones Generales, 24 de agosto de 2017

Lezama Lima: la cultura y la historia

Tal vez lo más desconcertante de la obra de Lezama sea un ejercicio de la lectura y de la escritura que disuelve la dicotomía fundamental de la tradición literaria de occidente entre naturaleza y cultura. Lo que sobrecoge al lector de Lezama no es que su obra se nutra indistintamente de la naturaleza y de la cultura, sino que trate a la cultura como otros artistas tratan a la naturaleza. Su actitud idiosincrática hacia la cultura la explican su concepto de la creación poética y su concepto de lo americano. La creación poética para él se centra totalmente en la expresión metafórica, y ambas, la naturaleza y la cultura, le sirven de canteras para sus imágenes. En su obra, la marea, las estrellas, un fibroma, el asma, son transformados en emblemas que cifran aspectos de su poética y de su ética, pero también lo son el nombre de un artista, una novela, un cuadro, un personaje histórico, y hasta un crítico literario. La actitud de Lezama hacia la cultura solo es comprensible si se logra apreciar el significado especial que tiene la naturaleza para él. La naturaleza evoca el libro del Génesis, el jardín del Edén, la caída de Adán y Eva. La poesía (o la vida, para él es lo mismo) tiene como meta la recuperación de la naturaleza perdida por el pecado original, como lo explica en «Pascal y la poesía»:

Hay inclusive como la obligación de devolver la naturaleza perdida. DC fabricar naturaleza, no de recibirla como algo dado. «Como la verdadera naturaleza se ha perdido —dice Pascal—, todo puede ser naturaleza» .... Si la pérdida de la naturaleza se debió al pecado, no lo puede ser en el hombre el afán de colocar en el sitio de la naturaleza después de la caída, otra naturaleza segregada o elaborada. En el sitio do esa naturaleza caída, enemiga del hombre, no so percibe un misterio ni una claridad, ni el misterio quo desliza la sustancia de la fe ni la momentánea claridad que se deriva de penetrar en las esencias quiditarias (2, 564) (1).

La naturaleza no ha de aceptarse como algo dado; es necesario someterla a una transformación mediante el arte, lo cual, para Lezama, implica que ha de traducirse en imágenes culturales, imágenes poéticas cuyo propósito es darles al poeta y a su lector acceso a la imago, concepto que vincula el lenguaje figurativo a la revelación mística:

Determinada masa de entidades naturales o culturales, adquieren en un súbito, inmensas resonancias. Entidades como las expresiones, fábulas milesias o ruinas de Pérgamo, adquieren en un espacio contrapunteado por la imago y el sujeto metafórico, nueva vida, como la planta o el espacio dominado. De ese espacio contrapunteado depende la metamorfosis de una entidad natural en cultural imaginaria. Si digo piedra, estamos en los dominios de una entidad natural, pero si digo piedra donde lloró Mario, en las ruinas de Cartago, constituimos una entidad cultural de sólida gravitación. La fuerza de urdimbre y la gravitación caracterizan ese espacio contrapunteado por la imago, que le presta la extensión hasta donde ese espacio tiene fuerza animista en relación con esas entidades (2, 283).

La naturaleza tiene que ser creada de nuevo como cultura, pero esa cultura, entonces, es tratada paradójicamente por Lezama como si fuese algo dado. La causalidad, a su parecer, no tiene vigencia en la cultura, y esto tiene consecuencias radicales para su práctica de consumo cultural. Sin causalidad, no hay cuestión de influencia, y por ende no hay concepto dinámico de la cultura. Para Lezama la historia intelectual tiene más que ver con inmanencia e irradiación, que con evolución. La cultura es una asamblea de ideas y posiciones, emblemas autónomos que reverberan y se confirman entre si, más en el espacio que en el tiempo. La cultura, para él, es algo dado, como la naturaleza lo es para la mayoría de nosotros. Esta actitud es lo que explica su crítica del concepto de la influencia literaria, y a la vez, lo que parece ser su total despreocupación sobre influencias literarias en su obra.

Lezama sugiere que la importancia de la influencia literaria ha sido exagerada:

> El problema de las influencias es casi inapresable porque el hombre es un instante sensorial infinitamente polarizado. A

veces una palabra, una sentencia apenas entreoída nos ilumina y logra configurar formas de expresión. Casi siempre lo quo apenas conocemos es lo que logra influenciarnos, después volvemos, insistimos, adquirimos tal vez lo que los pedantes llaman conocimiento exhaustivo, pero ya eso no produce en nosotros resonancias ni vibraciones (2).

La crítica de la noción de la influencia literaria tendría buena acogida en el campo de la teoría literaria contemporánea, pero pocos se subscribirían a la alternativa propuesta por Lezama: la creencia en el carácter epifánico de la creación artística. En la literatura como en la vida, Lezama mantiene que la verdad no se alcanza por medio de la investigación exhaustiva y la disciplina de la lógica. La verdad se alcanza mediante una disciplina de receptividad: la verdad se dispensa como la gracia espiritual. Aunque Lezama lo enriquece con resonancias orientales, en particular las del budismo Zen, su concepto antirracional de la iluminación es, en su esencia, cristiano y tiene sus raíces en el pensamiento de San Agustín. La verdad no puede ser arrebatada por la razón, sino que ha de recibirse —según la metáfora agustiniana— con «el oído del corazón» (3).

La aseveración de Lezama, de que el conocimiento exhaustivo basado en la lectura cuidadosa tiende a influirnos e iluminarnos menos que lo que apenas conocemos, pone en tela de juicio la noción misma de influencia literaria y socava los más básicos preceptos del historicismo literario. Al valorar la intuición sobre la erudición, este concepto de la relación entre los autores y la literatura de hecho borra la distinción entre interpretaciones válidas e inválidas. En este respecto Lezama parece acercarse mucho al parecer de Harold Bloom, quien afirma: «Poetic Influence —when it involves two strong, authentic poets—, always proceeds by a misreading of the prior poet, an act of creative correction that is actually and necessarily a misinterpretation» (4).

La preferencia lezamesca por la frase aislada y entreoída efectivamente descarta la noción de contexto en la interpretación literaria. Para Lezama, el único contexto valido es la conciencia del lector.

Su respuesta iconoclasta ante las restricciones del estudio tradicional de las influencias es la inversión de la relación entre causa y efecto:

> Las influencias no son de causas que engendran efectos, sino de efectos que iluminan causas. Proust hace que se lean las Memorias de Saint-Simon o que se vuelva al sentido del relato de Las mil y una noches, como una consecuencia de un acto excepcional, pero desgraciadamente los profesores, que son los gendarmes obligados de estos temas, gustan más de las cadenas causales que de las iluminaciones. La impregnación, la conjugación, la «genminaridad» son formas de creación más sutiles que los desarrollos causales (5).

Una vez más, Lezama le resta importancia a la causalidad y le otorga la primacía a la chispa creadora y a los procesos que fomentan su aparición: la impregnación, la conjugación y la «genminaridad». Estos tres procesos forman parte de las actividades poéticas fundamentales que él llama «asimilación creadora» e «imaginación retrospectiva».

Como lector, escritor y ensayista, Lezama se vale de la misma técnica: Por medio de la yuxtaposición de elementos inesperados, espera provocar la chispa de la revelación. Estos agrupamientos, que a primera vista pueden antojárseles al lector como caprichosos, frecuentemente rinden fruto en sus manos. Anticipando la resistencia a estas ideas suyas, Lezama defiende su método en «A partir de la poesía»:

> Fulgurantes agrupamientos, que en un instante o en cualquier unidad de tiempo, establecen como una clave, una familia, una semejanza en lo errante o inadvertido. Claves que no existen en una demorada casa temporal, sino impuestas por una circunstancia, un agrupamiento aparentemente caprichoso o fatal, pero que establece una divi-

sión por gestos o actitudes, por acudimientos o inhibiciones .... Nada más lejos de poder contentarnos con la creencia de que son agrupamientos banales o dictados por el capricho (2, 827).

Estos fulgurantes agrupamientos, según Lezama, ofrecen una clave en virtud de las homologías que resaltan de la circunstancia impuesta (el agrupamiento que hace el poeta). En definitiva, la defensa de su método se halla en su misma práctica y en sus resultados.

Más allá de su función estrictamente creadora, Lezama le confiere una dimensión étnica a la «asimilación creadora», ya que representa el rasgo cultural que define lo americano. Lezama mantiene que la asimilación creadora es una característica peculiar del escritor americano, consecuencia de la experiencia histórica del colonialismo. Como participantes de la cultura europea solamente por medio de la herencia ilegitima de la colonia, el escritor americano puede compartir cualquier tradición cultural que le atraiga, sin compromiso alguno. En este aspecto, Lezama sigue el ejemplo del propio Martí, cuyo estilo y repertorio cultural no aceptaban límites, ni cronológicos ni geográficos. Para recalcar esta prerrogativa americana, Lezama contrasta las actitudes de dos escritores europeos hacia Goethe con su propia postura:

> En nuestra época, por ejemplo, Gide lo ama, Claudel lo detesta. Pero yo como americano, puedo permitirme otra voluptuosidad inteligente, admirar a Claudel, y amar a Goethe .... Martí como americano, podía permitirse ese esplendor de la asimilación creadora (6).

El paradigma de Martí como quintaesencia del escritor cubano y americano, recurre en la obra de Lezama, pero no solo a fuero de su ideología, sino también porque Lezama lo considera un maestro de la asimilación creadora. Es evidente que a Lezama le atraen ciertos rasgos de la prosa de Martí, y sobre todo un empleo figurativo de la historia y de la cultura muy afín al suyo.

«Influencias en busca de Martí» ofrece un excelente modelo de asimilación creadora. En él, Lezama busca resonancias de la prosa de Martí en las cartas de Antonio Pérez, el poderoso secretario de Felipe II. Anticipándose por 18 años al concepto del apophrades (es decir, que los grandes poetas a veces logran dejarnos con la impresión de que sus precursores los imitan a ellos) articulado por Bloom, Lezama siente la marca de Martí en la escritura de Antonio Pérez.

Un examen detenido del ensayo revela la compleja operación de la «imaginación retrospectiva» en Lezama. Aunque la comparación entre Martí y Antonio Pérez en realidad depende de una cuestión de influencia, o, al menos, la suposición de que el poeta cubano debió leer a Pérez durante su estancia en Zaragoza, Lezama atenúa ese aspecto a favor de la «genminaridad». La lectura de Pérez que hace Martí no se ve como el primer paso en un proceso de imitación, sino como un momento de revelación. Al leer al cortesano, el poeta cubano no lo escoge como modelo, sino que reconoce o «recuerda» su propio estilo en la prosa del precursor. No es difícil percibir la relación estrecha que existe entre el concepto de «asimilación creadora» que hemos estado discutiendo y el de «reminiscencia reconstructiva», el papel de la memoria en ese proceso de asimilación. El proceso de reminiscencia reconstructiva ha de comprenderse en términos de la tradición cristiana de interpretación figurativa explicada por Erich Auerbach (7):

> *Figural interpretation establishes a connection between two events or persons, the first of which signifies not only itself but also the second, while the second encompasses or fulfills the first. The two poles of the figure are separate in time, but both, being real events or figures, are within time, within the stream of historical life (p. 53).*

De acuerdo con la estructura de la interpretación figurativa, la perspectiva que tiene Lezama de Pérez y de Martí es, a la vez, histórica y alegórica:

> *Since in figural interpretation one thing stands for another, since one thing represents and signifies the other, figural interpretation is «allegorical» in the widest sense. But it differs from most of the allegorical forms known to us by the historicity both of the sign and what it signifies (p. 54).*

Lo que parece ser la caprichosa yuxtaposición de los estilos literarios de dos hombres separados por tres siglos es, en realidad, una compleja y rica maniobra poética mediante la cual Lezama «conjuga», no sólo los estilos de José Martí y de Antonio Pérez, sino también el valor histórico y figurativo de ambos hombres. Durante su primer exilio en España, Martí vivió en Zaragoza y presenció su gallarda e inútil defensa de la República en 1874. Este hecho biográfico le recuerda a Lezama los motines en defensa de los Fueros de Aragón, motivados por la fuga de Pérez de su prisión en Madrid, y su búsqueda de asilo en Zaragoza (8). Lezama explota esta concurrencia histórica y geográfica:

Entonces llegó a lo que Antonio Pérez había dejado con caballos voladores y el peso de sus secretos, para apoderarse de la herencia del motín popular, José Martí. No recoge la lengua escrita de Baltasar Gracián, sino las órdenes y avisos que Antonio Pérez transparentaba a través de los tabiques carcelarios para avivar la espera de los amotinados de afuera. La lengua de Antonio Pérez es la de las cartas y la de los consejos que da a reyes y a principales. El idioma conversa, con las interrupciones que le sueltan los escuchas en personas o en sombra, traza nudillos por el aliento varonil y sentencias extraídas con la yesca de la averiguación inmediata y presente.

En Zaragoza, Martí siente las vivencias del destierro de Antonio Pérez. La obsequiosidad principal y la tierna despedida en las cartas del secretario, deben haber sido leídas por Martí, avivadas las junturas de ambos destierros. «Señora, si hubiese por allá unas manos —dice a la hermana del Bearnés, que es de quien más se fía— guárdemelas V.A.; que las he menester más que un manco». Cómo Martí sentiría esos bandazos suaves, esos toques resbalantes y cariciosos, donde su ternura parece adquirir la textura de una piel clásica y de buena compañía.

En otra carta enviada a Enrique IV, rompe su escritura con esos creados halagos cariñosos, tan del gusto de Martí: «Envío a V.M. el agua de los ojos del alma, Señor, y de las entrañas más la destilaría yo muy alegre para vuestra salud y vida, sino que estoy ya todo seco, y aun para una destilación, inútil ya. De donde me vengo a aborrecer yo mismo, porque cuando no soy de provecho para quien amo, no me querría ver» (2, 504-505).

La asociación de Martí y Pérez en términos políticos, impensable desde el punto de vista de nuestros historiadores contemporáneos, se explica perfectamente dada la interpretación que los historiadores románticos le dieron a los hechos de 1591. Gregorio Marañon ha comentado la deformación romántica del significado verdadero de los fueros (9). Los historiadores liberales, a quienes Marañon corrige, son, por supuesto, los historiadores que formaron el concepto que tenía Martí de la historia española. Ellos, como Martí, proyectaron su antimonarquismo y su lucha por una república (en España y Cuba respectivamente) sobre lo que, esencialmente, había sido una pugna entre señores feudales y un monarca que buscaba la solidificación de una nación emergente.

Para Martí y los historiadores liberales, sin embargo, no cabía duda alguna: los aragoneses, y en particular los zaragozanos, eran protorepublicanos que se opusieron a la tiranía de Felipe II, y el papel de Antonio Pérez, como instigador del breve y malhadado motín, era visto como un acto valiente de patriotismo, en vez de la intentona traicionera de un cortesano caído en desgracia.

En conclusión, el uso figurativo que hace Lezama de personajes históricos refleja una explotación emblemática de la historia.

Notas
(1) Para las obras de Lezama me refiero siempre a la edición de las Obras completas. (México: Aguilar, 1977)
(2) Interrogando a Lezama Lima, entrevistas con Eugenia Neves (Barcelona: Anagrama, 1971) 52.

(3) La frase «el oído del corazón» y sus variantes es recurrente en las Confesiones de San Agustín. Ver, por ejemplo, libro 4, capítulo 5, y libro 7, capítulo 10.

(4) The Anxiety of Influence, Harold Bloom (Nueva York: Oxford, 1975). 30.

(5) Interrogando a Lezama Lima, 53.

(6) Interrogando a Lezama Lima 73.

(7) Erich Auerbach, «Figura», Scenes from the Drama of European Literature. Six Essays (Gloucester, Massachusetts: Peter Smith, 1973) 11-71.

(8) Véase Jorge Mañach, Martí el apóstol (La Habana: Editora Popular) 60-62. Para Antonio Pérez la mejor fuente es Gregorio Marañon, Antonio Pérez (El hombre, el drama, la época) 6th ed., 2 vols. (Madrid: Espasa-Calpe, 1958).
Ver también John Lynch, Spain under the Habsburgs 2 tomos (Oxford: Basil Blackwell, 1965) 337-345.

(9) Marañon, 483-484.

Martí en la obra de Lezama Lima

No sorprenden, en la obra de José Lezama Lima, las reiteradas apariciones de José Martí. Sorprende, en cambio, lo esparcido y fugaz de esa presencia, y el hecho de que Lezama, quien le dedicara sendos ensayos a Julián del Casal y a Juan Clemente Zenea, nunca escribió su «ensayo definitivo sobre Martí» (1). A pesar de esa ausencia, que se hace sentir en tan persistente buscador de lo cubano y lo americano, cuando Martí aparece es para ocupar el puesto máximo que Lezama puede otorgar. Es el fundador de la última de las «Eras imaginarias»:

> La última era imaginaria, a la cual voy a aludir en esta ocasión, es la posibilidad infinita, que entre nosotros la acompaña José Martí. Entre las mejores cosas de la Revolución cubana, reaccionando contra la era de la locura que fue la etapa de la disipación, de la falsa riqueza, está el haber traído do nuevo el espíritu de la pobreza irradiante, del pobre sobreabundante por los dones del espíritu. El siglo XIX, el nuestro, fue creador desde su pobreza. Desde los espejuelos modestos de Varela, hasta la levita de las oraciones solemnes de Martí, todos nuestros hombres esenciales fueron hombres pobres. Claro que hubo hombres ricos en el siglo XIX, que participaron del proceso ascensional de la nación. Pero comenzaron por quemar su riqueza, por morirse en el destierro, por dar en toda la extensión do sus campiñas un campanazo quo volvía a la pobreza más esencial, a perderse en el bosque, a lo errante, a la lejanía, a comenzar de nuevo en una forma primigenia y desnuda (Z, 838-839).

En este pasaje de «A partir de la poesía» (1960), Lezama ve en el Movimiento 26 de Julio el cumplimiento de la promesa ética de Martí, frustrada por la República, y también una respuesta a su propia profesión de fe en la fertilidad de esa promesa, años antes, en «Secularidad de Martí» (1953), cuando la dictadura de Batista más la desmentía:

> Orígenes reúne un grupo de escritores reverentes para las imágenes de Martí. Sorprende en su primera secularidad la viviente fertilidad de su fuerza como impulsión histórica, capaz do saltar las insuficiencias toscas de lo inmediato, para avizorarnos las cúpulas de los nuevos actos nacientes (2).

Martí es la culminación de la historia cubana porque ofrece «la posibilidad infinita», pero, a la vez, representa para Lezama la plenitud de la palabra cubana:

> En José Martí culminaron todas las tradiciones cubanas de la palabra .... Martí retomó la tradición, profundizo el conocimiento do nuestros clásicos, se empapó de las zonas más creadoras de nuestra expresión. Fue un reavivador del idioma, es decir, el español, desde la época de los grandes clásicos, Santa Teresa, Quevedo, Gracián, no volverá a lucir tan ágil, flexible y novedoso como en Martí .... Martí retoma todas las tradiciones cubanas y las lleva a su plenitud .... Martí puso al servicio de su causa los recursos más cautivadores del arte y de la inteligencia .... Fue suerte inefable para todos los cubanos que aquél que trajo las innovaciones del verbo las supiese encarnar en la historia. Fue suerte también que el que conmovió las esencias de nuestro ser fue el que reveló los secretos del hacer. El verbo fue así la palabra y el movimiento del devenir (2, 1036-1038).

La expresión de Lezama, tomada del evangelio según San Juan, indica claramente la analogía que motiva este pasaje de «Prólogo a una antología» (1965), lo que Cristo es para el esquema cristiano de la historia, Martí lo es para la historia de Cuba. Martí es el momento en el cual la palabra y la acción se funden, y al fundirse, fundan. Martí, el fundador, supo traducir la palabra en acción con su muerte, y por eso las obras que obsesionan a Lezama son sus últimos escritos, los Diarios (de Monte Cristi a Cabo Haitiano, y de Cabo Haitiano a Dos Ríos).). En «Paralelos: La pintura y la poesía en Cuba (siglos XVIII y XIX)» (1966), dice que el

Diario de Martí es «el más grande poema escrito por un cubano, donde las vivencias de su sabiduría se vuelcan en una dimensión colosal» (2, 968).

Según Lezama, en ellos queda constancia de la purificación de Martí y de su preparación para la muerte, a la vez que se depura su palabra. De ahí que Lezama repetidamente asocie los diarios de Martí con *El libro de los muertos* egipcio (3).

Lezama encuentra una clave reveladora (un ejemplo de «vivencia oblicua») en la yuxtaposición del «jarro hervido en dulce, con hojas de higo» con el cual termina abruptamente la escritura de Martí, con los pasteles de azafrán que «los moradores subterráneos saborean» según el vademécum de los muertos egipcios (4). Lo inesperado suscita la revelación para Lezama. Así la extraña presencia de las hojas de higo de la antigüedad bíblica y clásica en plena manigua cubana, tiene su respuesta en el hispánico (y cubano) azafrán del libro egipcio. Estos dos emblemas le abren a Lezama una suerte de escala de Jacob que comunica dos «Eras imaginarias»: la de los egipcios con la de la «posibilidad infinita» representada por Martí. Lezama conjuga el valor emblemático del prócer cubano con el del dios egipcio Osiris, protagonista del *Libro de los muertos*, a quien se le considera «el muerto entre los vivos y el vivo entre los muertos» (5). Osiris fue muerto, descuartizado, y echado al agua por su hermano Set, pero logró la resurrección y la inmortalidad gracias a la devoción de su hermana y esposa Isis, quien recogió los pedazos y momificó al que entonces se convirtió en el dios de los muertos.

Para Lezama, Martí viene a ser una versión cubana de Osiris, ya en sus Diarios habla como si estuviera muerto, pero se trasluce una gran confianza mística que su muerte cercana será un comienzo (6). Otras concurrencias en los hechos de las muertes de Osiris y Martí le dan rica resonancia a la comparación: el papel importante del agua (el Nilo/ el Cauto y el Contramaestre), ambos mueren por mano de un hermano hostil (Set/ las balas españolas), ambos cadáveres sufren un tipo de fragmentación, son embalsamados, y enterrados varias veces. No hay que insistir en el perfecto engranaje de los paralelos, ya que para Lezama lo que cuenta es lo sugestivo del agrupamiento.

Es más, como el valor figurativo de la historia le importa más que la veracidad del dato histórico, Lezama se encandila con paralelos que simplemente no existen en la historia. Por ejemplo, en otro ensayo Lezama describe una decapitación de Martí que, si bien concuerda con el descuartizamiento de Osiris, no se apoya en testimonio histórico:

> Vemos cómo ha sido arrastrado después de muerto bajo la lluvia, cómo al desplomarse del alazán algunos quo lo vieron dicen que aún gemía, cómo ha sido enterrado y desenterrado ... cómo su cabeza separada del tronco, como en los alardes chillantes de una caballería mongólica, ha sido mostrada a la entrada de la ciudad (7).

En conclusión, como lo demuestra el esquema de las «Eras imaginarias» que Lezama elaboró y al que fue añadiendo toda su vida, para él el valor mayor de la historia y de la cultura en general es su potencia para irradiar imágenes.

Notas
(1) «Julián del Casal» (1941) Analecta del reloj (1953), «Juan Clemente Zenea» (1967) La cantidad hechizada (1970). Ver José Lezama Lima, Obras completas 2 (México: Aguilar, 1977) 65-99; 1039-1108, respectivamente.
Para las obras de Lezama me refiero siempre a la edición de las Obras completas.
(2) José Lezama Lima, Imagen y posibilidad, Selección, prólogo y notas de Ciro Bianchi Ross (La Habana: Letras Cubanas, 1981) 198. Véase el examen de la selección de ensayos y de la actitud de Lezama ante la Revolución que hace Enrico Mario Santí en «La invención de Lezama Lima», Vuelta 102 (1985): 45-49. A juzgar por las cartas, principalmente a su hermana Eloísa, el entusiasmo que Lezama demostró por la Revolución al principio parece haberse atenuado hacia el final de su vida, pero nunca se ha publicado ninguna declaración suya al respecto.
(3) Lezama asoció muchas veces los diarios de Martí con el Libro de los muertos. En «Interrogando a Lezama Lima» (Barcelona: Anagrama, 1971)

lo menciona en entrevistas con Eugenia Neves (p. 56) y con Joan-Michel Fossey (p. 70). También aparece esa comparación en «El romanticismo y el hecho americano», La expresión americana (1957) (2, 346), y en «Paralelos» (2, 967). Los pasteles de azafrán que tanto impresionaron a Lezama aparecen en el capítulo 17 del Libro de los muertos (The Book of the Dead, E. A. Wallis Budge, trans.; Londres: Routledge & Kegan Paul, 1974, reimpresión de la edición de 1909) 109).

(4) «Interrogando a Lezama Lima», 56.

(5) José Lezama Lima, «Las eras imaginarias», 2: 864.

(6) Al asociar a Martí con Osiris, Lezama no hace más que desarrollar en otro registro la comparación con Cristo. Como Cristo, Osiris redime a sus seguidores con su muerte y resurrección y les ofrece la inmortalidad si acatan sus preceptos. Otros mitos análogos son los de Adonis, y Dionisio. Véanse los capítulos pertinentes en el libro de James George Frazer, The Golden Bough (New York: Macmillan, 1963, reimpresión de la edición de 1922).

(7) «Lectura» en Imagen y posibilidad, 103-104. La suerte que corrió el cadáver de Martí es bastante distinta. El cadáver de Martí fue enterrado al día siguiente de muerto en Remanganaguas. Cinco días después fue desenterrado. Se intentó embalsamarlo, y fue expuesto al público en el Parque de Palma Soriano. Por último, fue inhumado en el Cementerio de Santa Efigenia de Santiago de Cuba, el 27 de mayo. Véase el relato detallado quo da Jorge Quintana en la Biobibliografía de su edición de las obras completas de Martí (Caracas: 1964), CCLXVIII-CCLXXII.

El libre albedrío: Ante el yugo y la estrella

El concepto de libre albedrío se emplea para aludir a la facultad de actuar de acuerdo a la propia reflexión y voluntad. La noción está vinculada a la filosofía, la psicología y la religión.

Se entiende que el libre albedrío es el poder que dispone un ser humano de tomar decisiones según su elección individual. Esto quiere decir que el individuo no es obligado ni se debe encontrar condicionado, al menos de manera absoluta.

Cada cual es libre de escoger el camino a seguir en la vida, es el tema que aborda Martí en el poema *Yugo y Estrella*, en cuyos versos insta a escoger entre dos caminos: el yugo—sombras y mentira; o la estrella—luz y verdad.

Yugo y Estrella
José Martí

Cuando nací, sin sol, mi madre dijo:
–Flor de mi seno, Homagno generoso
De mí y de la Creación suma y reflejo,
Pez que en ave y corcel y hombre se torna,
Mira estas dos, que con dolor te brindo,
Insignias de la vida: ve y escoge.
Este, es un yugo: quien lo acepta, goza.
Hace de manso buey, y como presta
Servicio a los señores, duerme en paja
Caliente, y tiene rica y ancha avena.
Esta, oh misterio que de mí naciste
Cual la cumbre nació de la montaña,
Esta, que alumbra y mata, es una estrella.
Como que riega luz, los pecadores
Huyen de quien la lleva, y en la vida,
Cual un monstruo de crímenes cargado,
Todo el que lleva luz, se queda solo.
Pero el hombre que al buey sin pena imita,
Buey vuelve a ser, y en apagado bruto

La escala universal de nuevo empieza.
El que la estrella sin temor se ciñe,
Como que crea, crece!
Cuando al mundo
De su copa el licor vació ya el vivo:
Cuando, para manjar de la sangrienta
Fiesta humana, sacó contento y grave
Su propio corazón: cuando a los vientos
De Norte y Sur vertió su voz sagrada,–
La estrella como un manto, en luz lo envuelve,
Se enciende, como a fiesta, el aire claro,
Y el vivo que a vivir no tuvo miedo,
Se oye que un paso más sube en la sombra!
–Dame el yugo, oh mi madre, de manera
Que puesto en él de pie, luzca en mi frente
Mejor la estrella que ilumina y mata.

De acuerdo con un blog sobre este poema, el propósito de toda sociedad cerrada es estabular a los ciudadanos. No dejarlos generar ninguna forma de organización espontánea, y mucho menos permitir que las personas se asocien voluntariamente para defender valores e intereses diferentes de los que impone el Estado.

Tratar de escapar de lo establecido por los que están en control es un grave crimen contra la esencia del oficialismo. ¿Por qué? Porque ahí radica el mecanismo de control. Aquellos en el poder tratan de dictar los objetivos de la sociedad y las personas encargadas dirigen el rebaño humano en esa dirección. Incluso más: ese grupo tiene la tarea de definir el contorno de la realidad, juzgarla de acuerdo con sus valores, y establecer lo que es cierto, falso o peligroso. Son dueños de la verdad, del presente, del futuro y hasta del pasado, porque cualquier opinión sobre la historia debe ajustarse a un libreto establecido por ellos.

Aquellos que, al igual que Martí, deciden escoger la estrella y aunque sometidos por un posible yugo opresor de otros que tratan de adjudicar toda una nación, y convertirse en mercenarios de su propio pueblo, siguen creyendo en la libertad de opinión como derecho ineludible de cada ser humano sobre el planeta.

La libertad no es una palabra altisonante y vacía: es poder escribir, leer y opinar con criterio propio sin la sombra de la policía política y sin tener que someterse a la vejación moral de aprender solo lo que determina el ideólogo a cargo de velar por el dogma de su secta.

Es escribir sin miedo. Es, como dijo Martí, poder hablar sin el dolor del fingimiento y de la hipocresía. «Yugo y Estrella» debe servir para que se escuche la opinión que emerge de la savia y de la voluntad de los que vencen los miedos.

Fuentes

Jose Martí, Obras completas, (La Habana: Editorial Nacional do Cuba, 1963-1966) (Estas «Obras completas» están disponibles en la Red)

José Martí y el uso figurativo de la historia
«Para Aragón en España»

Para Martí, Felipe II, más que un personaje de la historia era un emblema cultural que personificaba todo lo malo de España, no solo en el siglo XVI, sino hasta sus días. Un artículo publicado por *La Opinión Nacional* de Caracas en diciembre 28, 1881, en el cual Martí reporta las actualidades de España, ofrece un ejemplo excelente de su aplicación de emblemas tomados de la España de los Habsburgos a la situación contemporánea. El artículo demuestra que Martí era un maestro de la asimilación creadora.

> La revolución, que ha tornado del brazo al Monarca, procura arrebatarlo a sus huestes naturales y apartarlo de su vieja silla de oro, y la Iglesia, madre de la Monarquía, fulmina sus anatemas contra la revolución. Los nobles andan divididos y se amparan los unos de la Iglesia y los otros movidos de aquel espíritu que animó a Juan de Lanuza y halló feliz forma poética en García del Castañar, combaten en el campo nuevo .... Las instituciones viejas ... Intentan sofocar la voz de la naturaleza humana. Blanden aún el estandarte verde de los autos de fe. Besarían aún, con labios amantes la mano huesosa y fría de aquel monarca tenebroso y lívido .... Las instituciones viejas acaparan las armaduras oxidadas do los Museos Reales, las carrozas carcomidas de Juana la Loca y Carlos II, las estatuas do piedra do los monarcas góticos, los atriles gigantescos que sustentan en bordado espaldar de bronce, misales corpulentos, en cuyas páginas de rugoso pergamino dibujaron letras negras y rojas los monjes demacrados y sombríos de Zurbarán y Ribera; y con todas esas históricas riquezas alzan barricada a la cohorte batalladora de la época, que viene calle arriba, en gran tren do vapor, cargada de piquetes, de arados, de libros, de buques, de dragas, de limas que rebajan montes, de botones eléctricos que hacen volar islas, de cuchillas que sajan las cordilleras y echan a hervir juntos en la colosal herida los apartados y rugientes mares. (1)

Arguyendo la inevitable evolución hacia una monarquía constitucional, Martí pinta la contienda por medio de dos grupos de imágenes: a la España conservadora la representan Felipe II, la Inquisición, y la Iglesia, tétricamente evocada por la imagen compuesta de los monjes de Zurbarán y de Ribera, y los bellos pero apabullantes atriles. A la España conservadora se le opone la avalancha del mundo moderno, popular, y tecnológico. Los atriles son enfrentados por libros modernos, y las carrozas carcomidas por imágenes futuristas de trenes, vapores, palas mecánicas que abren canales, ¡y botones eléctricos que destruyen islas enteras! Aquí el entusiasmo tecnológico de Martí recuerda a Jules Verne.

En el concepto poético e ideológico de la historia que tiene Martí, hay dos Españas en pugna constante desde el siglo XVI: la España obscurantista y tiránica de Felipe II, y la España amante de la libertad que él ve encarnada, en especial, por la historia rebelde de Zaragoza y el carácter independiente de los aragoneses. Aunque este doble concepto de España siempre está presente en su obra, su defensa de la España libre nunca es tan elocuente ni sentida como en el conocido «Verso Sencillo VII» (*Para Aragón en España*). El poema contiene la adhesión ideológica de Martí a las tradiciones históricas de Aragón («Allí, en la vega florida, / La de la heroica defensa,/ Por mantener lo que piensa/ Juega la gente la vida»), y sus vínculos emotivos con una ciudad donde fue feliz. También alude a los hechos de 1591, como en el artículo de La Opinión Nacional, por medio de Juan de Lanuza («Quiero el Pilar azuloso/ De Lanuza y de Padilla»), el joven Justicia de Aragón ejecutado por Felipe II en la sangrienta represión de la revuelta.

Ningún comentador de Martí ha podido asociar al Padilla mencionado en el poema con Aragón. El único personaje histórico apropiado sería Juan de Padilla, uno de los cabecillas de la revuelta de los Comuneros, pero ese Padilla era toledano y fue ejecutado por Carlos V en 1521. Si, como parece, Martí cometió un error, es un error muy interesante ya que se equivoca desde el punto de vista histórico, pero tiene toda la razón desde el punto de vista figurativo. La revuelta de los Comuneros es análoga al motín sobre los Fueros en Aragón.

Ambos Lanuza y Padilla son, por lo tanto, emblemas del desafío regional ante la corona, y víctimas de la autocracia. El error de Martí es errar con respecto a los hechos, pero casi nunca en la explotación simbólica de esos hechos.

En resumen, «Para Aragón en España» reúne todos los elementos necesarios para establecer la deseada equiparación ideológica entre aragoneses y cubanos: «Estimo a quien de un revés/ Echa por tierra a un tirano:/ Lo estimo, si es un cubano;/ Lo estimo, si aragonés». El uso figurativo de personajes históricos refleja la explotación emblemática de la historia que lleva a cabo Martí.

Notas

(1) José Martí, Obras completas, 26 vols. (La Habana: Editorial Nacional de Cuba, 1963-1966) 14, 263-264. (Estas «Obras completas» están disponibles en la Red)

El razonamiento deductivo poético en *Paradiso*

Bailan la poesía y la novela, el rostro de una descansa en el hombro de la otra, las dos rodillas frotadas con sombría voluptuosidad.

José Lezama Lima

El exceso de luz enceguece. Ante una obra como *Paradiso* —una autobiografía que es, también, una alegoría; unas memorias de la Cuba republicana que contienen en su centro un tratado de retórica, además de una poética de la narración, una teoría del origen andrógeno del hombre, y miles de cosas más; una novela de cajoncitos en que cada compartimento ofrece la sorpresa de una totalidad miniaturizada del cosmos; un libro varias veces cifrado, varias veces codificado, varias veces hermético—, ante un texto como el de *Paradiso* se despierta la tentación irresistible de declararlo oscuro, incomprensible, absurdo. La paradoja es que pocos libros como *Paradiso* tienen tal poder de irradiación luminosa; pocos textos contienen su propia glosa hasta un punto tal de saturación total; pocas ficciones desarrollan como ésta la espiral de sus configuraciones con tan segura intuición del camino recorrido y a recorrer.

Pero en *Paradiso,* el exceso de luz actúa de máscara. Atravesada la lectura por las lanzas de símiles y metáforas, por largos párrafos de sintaxis serpentinas, por bruscas iluminaciones y visiones en que un dios habita a la vez a los personajes y a su texto, el lector se enceguece a pleno día, se hunde en el oscuro laberinto de las aclaraciones, se pierde en la glosa de la glosa de la glosa. Como todo texto auténticamente enciclopédico, como toda *summa, Paradiso* fracasa por la misma sobreabundancia de su éxito total. Es la suma de las victorias de cada párrafo lo que determina esa fastuosa derrota.

Texto *ilegible,* sí. Y por eso, texto a estar siempre leyendo, a empezar cada vez a leer, a enfrentar como si nunca se hubiera visto en la operación reiterada de su lectura incesante. La derrota de *Paradiso* es la derrota de todo texto literario verdadero: la derrota que impuso el *Quijote* a quienes antes lo leyeron solo como una obra de risa**,** y a quienes ahora lo siguen leyendo beatamente como la Biblia de España; la derrota que impuso (que impone) *Hamlet* a todos sus lectores: Edipos hechizados por una Esfinge hecha de verso blanco; la derrota de las *Ficciones* de Borges cuyos laberintos de minuciosa sintaxis y congelada retórica apenas si esconden el fuego devorador de su locura. Como toda la literatura que vale, el texto de *Paradiso* fracasa en su nivel primario de total inteligibilidad para triunfar (y de qué manera) en el nivel de una inteligibilidad siempre perseguida en sucesivas lecturas, en sucesivas reescrituras.

Por eso, el intento que ahora hago sobre el texto de *Paradiso* —un intento deliberadamente limitado— acepta desde el principio esa derrota de la obra que es, naturalmente, la derrota de su lectura. Consciente por completo de que la clave de *Paradiso* no existe, aunque existen sí las claves; asumiendo todo el riesgo de una lectura parcial, y por lo tanto, a tientas, y por lo tanto provisoria, y por lo tanto, en borrador, esta aproximación al libro busca (apenas) definir una de sus vías de acceso: la que se centra en una teoría de la visión poética, que es a la vez clave para la definición del nivel anecdótico de la obra (la educación del protagonista, José Cemí) y clave para insertar la retórica que subyace el texto, dentro del texto mismo en su deslumbrante, enceguecedora luminosidad.

*

Paradiso concluye con una palabra: empezar (1). El verbo elegido deliberadamente por Lezama indica la naturaleza circular, de lectura infinita, que es una de las características textuales más notables de la obra. En el contexto en que ocurre esta última palabra, empezar apunta evidentemente a la práctica de la poesía, a la escritura de la poesía, que José Cemí siente como tan cercana, tan inmediata, que ya empieza a ser posible. En una cafetería, solo en la madrugada, Cemí escucha a alguien jugar con la cucharilla en el vaso. Entonces reconoce un ritmo musical. En efecto, un ritmo que ya es sílaba y pronto habrá de convertirse en palabras, nace de ese golpeteo, para el oído de Cemí. En ese código Morse de la cucharilla contra el vaso deja el texto su cifra: Después de 617 páginas el lector ha llegado al punto en que la irresistible vocación poética de Cemí es una evidencia. Por eso, la obra termina en el momento en que el protagonista va a empezar su obra: otra, o la misma, eso por ahora no importa.

También el *Portrait of the Artist as a Young Man*, de Joyce; también *A la recherche du temps perdu*, de Proust, terminaban en el momento en que sus sendos protagonistas descubrían el mundo inagotable de su vocación y la forma de la obra futura. Pero si traigo ahora estos ejemplos (tantas veces invocados por la crítica al hablar de *Paradiso*) no es para indicar una filiación reconocida sino para situar el texto en un contexto más general. Cemí descubre su vocación; Cemí, el poeta, descubre el producto poético; Cemí deja de ser Cemí para convertirse en el descubridor del ritmo. Los dos niveles en que constantemente se mueve esta novela quedan sutilmente indicados aquí: el nivel de la narración anecdótica (un joven habanero en la madrugada de una cafetería) y el nivel de la alegoría (el poeta inventa ritmo).

Pero para poder comprender por qué la obra se cierra aquí, y no un poco antes o un poco después, hay que mirar en qué contexto inmediato ocurre ese episodio final, tan significativo. Cemí ha llegado a la cafetería una noche en que algo, un impulso que no define y que podría calificarse simplemente de sobrenatural, lo ha hecho salir a recorrer las calles, a descubrir una casa enceguecedoramente iluminada, a entrar en ella y ver que allí se estaba velando el cadáver de su amigo y mentor, Oppiano Licario. Como todas las apariciones de este personaje en la novela (y son apenas cinco), esta última también lleva el signo de lo mágico. Impulsado por una mano invisible, Cemí ha venido a esta última cita con el taumaturgo: ha venido para recoger el poema que la hermana de Oppiano Licario le entrega, el poema último que ha escrito el muerto y que se llama, naturalmente, *José Cemí*

> No lo llamo, porque él viene,
> como dos astros cruzados
> en sus leyes encaramados
> la órbita eclíptica tiene.

> Yo estuve, pero el estará,
> cuando yo sea el puro conocimiento,
> la piedra traída en el viento,
> en el egipcio paño de lino me envolverá.
>
> La razón y la memoria al azar
> verán a la paloma alcanzar
> la fe en la sobrenaturaleza.
>
> La araña y la imagen por el cuerpo,
> no puede ser, no estoy muerto.
> Vi morir a tu padre; ahora, Cemí, tropieza. (p. 616)

Inútil analizar el poema línea a línea. Eso quedará para otra ocasión. Lo que si me importa es una de sus significaciones más obvias: por medio del poema —el último texto que escribe Oppiano Licario antes de morir— su destino de guía, de maestro, de mentor, se cumple y realiza finalmente: el poema trasmite el testamento de Oppiano Licario, testamento dirigido a un solo ser, a aquel que de algún modo lo continuará, cumplirá su obra, la perfeccionará. Bautista del nuevo Cristo que es José Cemí —ya la crítica ha apuntado la coincidencia de las iniciales J.C. y hasta el hecho de que el primer encuentro real de Cemí y Oppiano Licario se produzca por medio de un reconocimiento de esas iniciales de fuego—, el poema es el documento formal por el que el maestro de poesía y de poética deja a su discípulo la clave del ritmo. De ahí que Cemí, al quedarse solo en la noche de la cafetería, reconoce en el ritmo de la cucharilla en el vaso la música del poema. Ahora se pueden leer completas las últimas frases del libro:

Impulsado por el tintineo, Cemí corporizó de nuevo a Oppiano Licario. Las sílabas que oía eran ahora más lentas, pero también más claras y evidentes. Era la misma voz, pero modulada en otro registro. Volvía a oír de nuevo: ritmo hesicástico, podemos empezar. (p. 617)

*

Es claro, podemos empezar. Y empecemos por una pregunta: ¿Quién era Oppiano Licario? De todos los numerosos personajes del libro, Oppiano Licario es el único (con excepción de los del capítulo XII, de los que hablaré luego) que no aparece insertado en el texto con las precauciones habituales de nombre, identificación y circunstancia. Es el personaje misterioso, el joker de esta deslumbrante baraja lezamiana, que es jugado cuándo y dónde menos se le espera y que, sin embargo, o tal vez por eso mismo, adquiere en cada ocasión un valor singularísimo.

La primera vez que aparece es en el capítulo IV, como parroquiano anónimo de un cafetín de homosexuales al que ha ido a parar, sin saberlo, Alberto Olalla, el joven tío de Cemí, un alegre perdulario que ya está tocado por la locura poética. La segunda vez, es en el capítulo IV y se identifica como paciente en el mismo hospital norteamericano en que está muriendo el padre de Cemí. Oppiano Licario tiene con éste una conversación sorprendente, y absolutamente necesaria, como son las mejores conversaciones del libro. Por ella, se entera el lector que el paciente era el mismo parroquiano anónimo del Cafetín. Ambas veces Oppiano Licario actúa por su presencia en una escena en que otro es el protagonista, pero su presencia tiene un valor catalítico: permite al padre morir envuelto en el sonido de una voz cubana que responde a su voz cubana en el ambiente doblemente extranjero de un hospital norteamericano; también permite al tío escapar de la burla grosera de los homosexuales y lo orienta hacia la heterosexualidad.

En ambos episodios, la presencia de Oppiano Licario da a cada episodio el significado de un rito iniciático. Es el sacerdote de dos ritos fundamentales de la vida humana. Asiste al padre a morir; asiste al tío en la hora de la iniciación sexual. Como sacerdote de una religión subterránea, o tal vez solo olvidada, Oppiano Licario está allí, en el momento crucial. Pontífice, en el sentido etimológico del término, Oppiano Licario construye invisible el puente que habrá de llevar al padre a la muerte, al tío al goce sexual.

La tercera aparición de Oppiano Licario en la vida de Cemí prescinde de intermediarios. En el capítulo XIII ocurre el encuentro directo con José Cemí, en un ómnibus; encuentro que Lezama detalla en clave burlesca: un hombrecito roba a Oppiano Licario unas monedas antiguas, Cemí las restituye sin que Oppiano parezca advertirlo; cuando Cemí llega a su casa encuentra en su bolsillo una tarjeta en que Oppiano le agradece la restitución, se identifica como conocido de sus parientes y le da una cita. La clave burlesca no debe hacer olvidar la mágica. Porque no se trata (solamente) de un juego paródico, de una irrisión; el ómnibus también es la nave de los locos, el barco en que todos navegamos, y el tráfico ilegal de la moneda es el símbolo del tráfico ilegal de la vida. Pero es sobre todo, el símbolo de la predestinación que a través de los caminos laberínticos de encuentros y desencuentros con otros parientes, impulsará dos seres a aproximarse ciegamente, como peces en lo profundo del mar, como duelistas en la niebla, como murciélagos movidos por oscuro radar. La moneda —ese signo que cambia de mano en mano y que llega hasta Oppiano Licario desde la antigüedad griega— es el instrumento que lo lleva a encontrarse con Cemí.

El encuentro es mágico porque estaba predestinado. Ya al encontrar al tío y luego al padre, Oppiano Licario estaba entrando en la órbita de Cemí,

> como dos astros cruzados
> en sus leyes encaramados

dirá su poema. Y nada más cierto: el papel de sacerdote iniciador de un culto subterráneo lo cumple Oppiano Licario a partir de esa presencia insólita en ocasión de la muerte del padre o de la iniciación sexual del tío. Ahora, Oppiano Licario presidirá otra iniciación: la de José Cemí en el orbe de la poesía. La cita que la tarjeta propone se cumple en las dos últimas páginas del capítulo penúltimo, el trece:

> Licario le abrió de inmediato la puerta sin necesitar de llamada. La pieza era muy distinta de lo que él había visto desde el séptimo piso. No había nadie en el interior. Solamente la mesa, con el triángulo de bronce y una varilla metálica para provocar la sonoridad. Vibraron los dos me-

> tales. Oppiano Licario presentaba un pantalón negro y una camisa muy blanca. Licario, mientras se prolongaba la vibración exclamó: —Estilo Hesicástico. —Veo, señor, le dijo Cemí, que usted mantiene la tradición del ethos musical de los pitagóricos, los acompañamientos musicales del culto de Dionisos.—Veo, le dijo Licario con cierta malicia que no pudo evitar, que ha pasado del estilo sitáltico, o de las pasiones tumultuosas, al estilo hesicástico, o del equilibrio anímico, en muy breve tiempo.
> Licario golpeó de nuevo el triángulo con la varilla y dijo: Entonces, podemos ya empezar. (pp. 562-563)

La alusión al cambio de estilo es una referencia, en broma, al encuentro anterior en que Cemí había rescatado las monedas en medio de las pasiones tumultuosas del ómnibus. Pero ahora, Cemí y Oppiano Licario se encuentran en el espacio mágico de la habitación del segundo. La iniciación poética puede ya comenzar.

Parece irresistible vincular este proceso del encuentro de Cemí con Oppiano Licario con las etapas del acercamiento a la presencia divina en la *Divina Comedia*, o (si se prefiere un modelo más breve y modesto de iniciación) con el relato de Borges, «El acercamiento a Almotásim». También en este cuento, el estudiante llega a la presencia inimaginable de Almotásim a través del encuentro con seres que han conocido a Almotásim y en los que se advierte como un resplandor dejado por aquella ausencia. Aquí el que parece acercarse (invisible en su luz) es Oppiano Licario pero el sentido iniciático no está invertido del todo ya que en el tramo final, Cemí acude a Oppiano, que abre la puerta y lo hace entrar.

También como en Borges, como en Dante, la escena se congela en el momento en que se va a iniciar el rito. Porque el rito es secreto y solo puede ser realizado en secreto. Las últimas palabras del encuentro («podemos ya empezar»), y la música pitagórica de estilo hesicástico que le sirve de fondo, anticipan las últimas palabras de la novela: acordándose de su maestro, Cemí escuchará el golpeteo de la cucharilla en el vaso y se dirá (citará): «podemos empezar».

*

Si al lector le está prohibido el acceso a la ceremonia iniciática misma, si el rito solamente aparece como una ausencia, el vaciado de la forma, y no la forma misma, hay suficientes claves en el texto de *Paradiso* para poder reconstruir la poética que subyace ese rito de Oppiano Licario. El mismo la define en varios pasajes del capítulo final, el catorce. Conviene repasar sus momentos culminantes. Evocando una conversación familiar, se dice allí:

> Licario había acabado de hablar con su hermana, con un silogismo de sobresalto, con lo que era una de sus más reiteradas delicias, demostrar, hacer visible algo que fuera inaceptable para el espectador, o provocar dialécticamente una iluminación que encegueciese por exceso de confianza al que oía, en sus conceptos y sensaciones más habituales y adormecidas. (p. 567)

Queda aquí esbozado un método que más adelante, Oppiano Licario desarrolla con pausa: el método de una dialéctica similar a la socrática en su finalidad y hasta en su raíz pero opuesta por la vía elegida. En vez del pensamiento racional (el silogismo lógico), Oppiano Licario practica un pensamiento mágico (el silogismo de sobresalto). En una de sus líneas —adviértase que digo: una— ese silogismo se vincula con el pensamiento, tan citado por Lezama, de Tertuliano: *Credo quia absurdum:* Porque es absurdo, creo. O como dice Oppiano:

> ...hacer visible algo que fuera inaceptable al espectador, o provocar dialécticamente una iluminación que encegueciese...

Un poco más adelante, Oppiano Licario elabora con ejemplos su teoría del silogismo poético:

> Partía de la cartesiana progresión matemática. La analogía de dos términos de la progresión desarrollaba una tercera progresión o marcha hasta abarcar el tercer punto del desconocimiento. En los dos primeros móviles. El ente cog-

noscente lograba su esfera siempre en relación con el tercer móvil errante, desconocido, dado hasta ese momento por las disfrazadas mutaciones de la evocación ancestral. (pp. 576-577)

Queda al descubierto aquí esa dialéctica de la iluminación que procede por analogía, pero se dispara, con intolerable tensión, hacia el tercer punto desconocido o errante. Un poco más abajo, la definición se aclara:

> Así, en la intersección de ese ordenamiento espacial de los dos puntos de analogía, con el temporal móvil desconocido, situaba Licario lo que él llamaba la *Silogística poética*. Se apoyaba en un silogismo del Dante, que aparece en su *De Monarchia*, donde la premisa menor, «Todos los dramáticos corren», lograba recobrar en un logos poético sobre la lluvia de móviles no situables, puntos errantes y humaredas, no dispuestos sino a enmallarse en dos puntos emparejados de una irrealidad gravitada como conclusión. Otras veces, ese tercer punto errante, enclavado en su propia identidad, lograba crear una evidencia reaparecida, distanciada las más de las veces de la primera naturaleza en su realidad. (...) En otras ocasiones, el tercer móvil del desconocimiento revela a través de la ofuscadora seguridad de una forma, aparentemente dominada por las mallas de la analogía, su conversión en un cuerpo no subordinado a los tres puntos anteriores, pues aquella inicial morfología iba a la zaga de una esencia esperada, cuando de pronto el resultado fue la presencia de otro neuma que aseguró su forma misteriosamente. (p. 577)

La silogística poética asegura, a través de una dialéctica que no es lógica sino mágica, el encuentro con el tercer móvil desconocido, el tercer punto errante, la conversión en otro (cuarto) punto misterioso. Es decir: asegura el acceso a otra dimensión de la realidad, la captación de una (otra) naturaleza: esa sobrenaturaleza a la que alude tantas veces el texto lezámico. El esfuerzo se vincula, naturalmente, no solo con la experiencia religiosa (y de ahí la necesaria mención de Dante) sino con la experiencia poética más radical, la de un poeta como Lautreamont. ¿Qué otra cosa que un silogismo poético es ese encuentro del paraguas y la máquina de coser sobre la mesa de disección que tanto ha servido de bandera de la poesía de la modernidad? Para un lector de *Paradiso* es innecesario evocar esas deslumbrantes comparaciones del texto lezamesco que saltan de una analogía a otra para clavarse, como un lanzazo de luz, en ese tercer punto desconocido que es el blanco invisible del silogismo poético. El propio Licario habrá de apuntar a esa retórica del símil en unas líneas que se encuentran más abajo del texto ya citado:

> Licario estaba siempre como en sobreaviso de las frases que buscan hechos, sueños o sombras, que nacen como incompletas, y a las que vemos el pedúnculo flotando en la región que vendría con una furiosa causalidad a sumársele. Ellas mismas parecen reclamar con imperio grotesco o majestuoso una giba o un caracol que las hacía sonreír, siguiendo después tan orondas como si fuese su *sabat* costumbroso. Estas sentencias no quedan nunca como verso ni participación en metáfora, pues su aparición era de irrupción o fraccionamiento casi brutal, y necesaria en esa llegada parecía borrar la compañía, hasta que después comenzaba a lucir sus temerarias exigencias de completarse. Era el reverso del verso o la metáfora que vienen de nacimiento con su sucesión y sus sílabas rodadas. (pp. 578-579)

Y a continuación, Licario cita varias frases de ese tipo. Veamos la última:

> Una vez oyó: *diez mil mastines tienen que ser ejecutados*, y comenzó por atravesar unas tierras feudales, habitando unas estaciones de garduñas del sacro imperio y de corzas oyendo misas. (p. 579)

La teoría de Licario y la práctica de Licario son una con la teoría y práctica de *Paradiso*; es decir: de Lezama.

Por eso es posible encontrar en declaraciones de éste a Armando Álvarez Bravo una explicitación diferente pero complementaria del silogismo poético (2).

Me excuso por citar estas palabras, tan citadas por la crítica, porque creo que ellas adquieren otro sentido cuando se las vincula con el texto, los textos, de Oppiano Licario; al hablar de la imagen y la metáfora, Lezama aclara el contexto teórico en que hay que inscribir la teoría de Licario:

> Es uno de los misterios de la poesía la relación que hay entre el análogo, o fuerza conectiva de la metáfora, que avanza creando lo que pudiéramos llamar el territorio substantivo de la poesía, con el final de este avance, a través de infinitas analogías, hasta donde se encuentra la imagen, que tiene una poderosa fuerza regresiva, capaz de cubrir esa sustantividad. (...) Yo creo que la maravilla del poema es que llega a crear un cuerpo, una sustancia resistente enclavada entre una metáfora, que avanza creando infinitas conexiones, y una imagen final que asegura la pervivencia de esa sustancia que es la *poiesis*. (pp. 56-57)

Lo que aquí dice Lezama de la metáfora, que avanza por analogías hacia la imagen, y la imagen que asegura la pervivencia de la poesía, puede vincularse a ese silogismo poético que había ilustrado Licario. El método expresado, o definido, por el personaje se enlaza con la teoría del autor. La *tecné* se vuelve *poiesis*. Pero el movimiento interior es el mismo y la conclusión, ya sea en el plano de la investigación apasionada, la busca ardiente, la flecha disparada hacia el blanco, ya sea en la contemplación crítica de esa misma operación, el disparo estudiado desde el blanco mismo, la conclusión muestra (una vez más) la coincidencia absoluta de las articulaciones del texto entero de Lezama, dentro y fuera de *Paradiso*. Porque cuando aquí se habla de Lezama se habla (es claro) de un texto.

*

Que José Cemí estaba más que preparado para recibir la enseñanza de Oppiano Licario es algo que la novela deja perfectamente en claro. Lo documentan no solo sus experiencias existenciales, desde la muerte y resurrección incesante que se produce con los frecuentes ataques de asma de la niñez, hasta su apasionada fusión y confusión con los dos amigos, Fronesis y Foción con los que compone una triada, o trinidad dialéctica (tres caras de una misma investigación del ser, tres faces de un mismo ser), sino que lo documenta aún más toda esa sucesión de instantes de revelación, iluminación, visitación de lo sobrenatural que acompañan su desarrollo. Son tantos y tan intensos esos momentos de epifanía que bastará indicar, a vía de ejemplo, algunos:

- la brutal experiencia a que lo somete su padre, cuando lo echa al agua para que aprenda a nadar, sostenido solo por el dedo índice del padre, que al fin lo abandona y, por unos horribles momentos, lo deja hundirse en el agua; experiencia que se multiplica en otra del padre con la hermana y en una brutal cura contra el asma (capítulo VI);
- los cuentos de la abuela sobre muertes familiares y muertes de santos que asumen en el relato de ella un carácter sobrenatural e imponen sus visiones pesadillescas al niño (capítulo VI);
- el juego de yaquis en que se dejan absorber los niños y que la madre también comparte hasta el punto de ver, en un determinado momento, dibujada en el espacio mágico creado por las piedritas, la cara del difunto padre (capítulo VII);
- la carta del tío Alberto que abre para el niño las compuertas del lenguaje metafórico y anticipa con su práctica delirante de la imagen no solo el simbolismo fálico del famoso capítulo VIII sino la silogística poética misma de Oppiano Licario (capítulo VII);
- una partida de ajedrez que el mismo tío Alberto convierte en una justa poética medieval y que es también clave del mismo sistema poético (capítulo VII);
- el diálogo con la madre en que ésta le da un único consejo básico: seguir el camino difícil, seguir una obsesión propia que

busque lo oculto, lo secreto; ese diálogo prepara a Cemí para el encuentro con Licario; de la mano de la madre pasará en el plano simbólico, a la mano del mentor, de la matriz al sacerdote del culto iniciático de la poesía (capítulo IX);

■ esa primera visión que tiene Cemí de los caballos de la Fortaleza que parecen surgir del fondo de la historia, o de algún cuadro renacentista (capítulo IX);

■ al final de ese mismo capítulo, esa larga discusión sobre homosexualidad que concluye con otra visión de Cemí: por las calles de La Habana desfila una procesión romana. Es el culto del dios Príapo, el inmenso falo coronado. El texto de la novela habanera se contamina de esa sobrerrealidad histórica que en el capítulo XII romperá los límites narrativos para albergar historias de distintos tiempos y distintos personajes, completamente desconectados de la historia central. O mejor dicho: solo conectados por la fuerza del silogismo poético (capítulo IX).

¿A que seguir? Habría que recorrer la novela página a página porque ya no se trata de visiones o revelaciones: la textura misma de cada frase, la urdimbre de las mismas, la mecánica de su inserción en el texto de *Paradiso* y en el texto total, aún más laberíntico de Lezama, requieren un análisis pormenorizado que es imposible realizar aquí. Lo que sí puede y debe indicarse ahora es la perfecta adecuación de cada uno de los hilos de esa trama que se va tejiendo hacia atrás desde y a partir de Oppiano Licario, en el último capítulo de la novela, y que en virtud de esa circularidad a la que alude Lezama cuando habla de la «evidencia reaparecida», permite desandar el camino llevando como guía a Licario. Entonces se advierte que el sistema de éste es clave del sistema del libro y que el mentor aparece al fin cuando las experiencias existenciales y sobrenaturales de Cemí lo han preparado para el encuentro final con la luz deslumbradora del silogismo poético. Licario abre la puerta para que Cemí entre. Entonces, podemos ya comenzar, dice. Entonces, Cemí puede comenzar. Entonces, el libro puede comenzar. Es decir: concluir, que es lo mismo.

*

La circularidad apunta, en otra dimensión, a una teoría que está solamente aludida en los textos que hemos invocado pero que otros textos de Lezama permiten iluminar: es la teoría cristiana de la resurrección. El poema que Licario dedica, a las puertas de la muerte, a Cemí contiene la clave no solo de su mortalidad sino de su eventual resurrección. Allí dice:

>	yo estuve, pero él estará

pero también agrega:

>	cuando yo sea el puro conocimiento.

El poema reafirma:

>	la fe en la sobrenaturaleza.

El poema asegura:

>	no puede ser, no estoy muerto.

En declaraciones suficientemente difundidas, Lezama ha opuesto la concepción heideggariana del «ser para la muerte» a la concepción cristiana del ser para la resurrección. Y en otras declaraciones ha sido muy explícito: Oppiano Licario volverá a vivir en la realidad del texto. Se ha ido, pero no ha desaparecido (3). Estas declaraciones externas al texto mismo de *Paradiso* encuentran sin embargo su confirmación dentro de la obra. Porque el libro se propone básicamente ilustrar aquella dimensión de la realidad que es sobrenatural y mágica. En esa dimensión, no rigen las leyes científicas de una visión naturalista sino otras leyes, las del silogismo poético, que permiten no solo el salto hacia el tercer término desconocido, sobrerreal, sino el regreso hacia atrás, a una dimensión desconocida de los términos de la analogía primaria. En una circularidad que cierra el libro en el momento en que se abre («podemos ya empezar») el ejercicio de la poesía; que postula una actividad cuando esa misma actividad está a punto de cesar, la inmortalidad del texto, y de todas las figuras del texto (sean «personajes» o metáforas, silogismos o símiles, «cuadros» o «visiones»), la inmortalidad poética está asegurada.

Hay una resurrección no solo al nivel de la historia sino la resurrección al nivel del texto primario y básico de *Paradiso*. La palabra «empezar» no es paradojal: el texto realmente empieza allí y por eso su lectura puede iniciarse hacia atrás en la página misma que marca con su espacio en blanco el final.

*

Una última observación: esa lectura hacia atrás que la última palabra del texto sugiere, esa inversión del orden normal de lectura se liga profundamente con la naturaleza retórica misma del libro y con la visión *à rebours* de Lezama. Porque si existe alguna dificultad para clasificar este libro como novela es porque esa forma ha sido generalmente considerada desde una perspectiva impuesta por el realismo. Pero si se abre la perspectiva y se busca otra concepción de la novela —una concepción que permita incorporar no solo las obras experimentales del pasado, a partir del *Ulysses* o los textos de Kafka, sino toda esa literatura marginal de Occidente y que ilustran el *Satiricon, Gargantua, el Quijote, Tristram Shandy, Les Chantes de Maldoror*— es la concepción de una narrativa carnavalesca, de una apoteosis de la irrisión y de la parodia que burla y celebra a la vez el mundo real, lo que permitiría situar a Paradiso en sus exactas coordenadas.

Los estudios de Mikhail Bakhtine sobre Rabelais y Dostoievski, su concepción de la literatura carnavalesca y de la novela dialogística, permitirían entonces reconocer un camino de acceso que uniera definitivamente la visión dispersa del lector ingenuo de *Paradiso* con la visión centrada del crítico (4). Entonces, la burla y la parodia lezamesca no se verían como lo extravagante que irrumpe en una novela familiar y autobiográfica para destruirla, sino como el signo más explícito posible de esa realidad poética que es (como la del Carnaval) a la vez celebración y blasfemia, exaltación y befa o escarnio, consagración y destrucción. El espíritu medieval que atraviesa el pensamiento y la imaginaría del texto lezamesco adquiriría entonces sentido. Su barroco que es también gótico se situaría en una nueva perspectiva. Hasta esa prodigiosa metaforización de la potencia fálica (que tanto ha molestado a las beatas de ambos sexos) resultaría la visión normal carnavalesca.

Pero no solo esto: el *silogismo poético del sobresalto* en que se resume la teoría poética del texto de Oppiano Licario y, por lo tanto, del texto lezamesco, adquiriría entonces un doble sentido unificado: en esa búsqueda del sobresalto es esencial la inversión. Lo que está arriba va a ir abajo; lo que está abajo, arriba. De la misma manera que el loco es coronado rey en Carnaval, y los excesos más groseros de la carne (la fornicación bestial, la sodomía, pero también la defecación) encuentran sentido en el Carnaval, esos mismos excesos, metamorfoseados por la escritura lezamesca, encuentran su sitio en la visión invertida y, a la vez, correcta. Se alcanza así una visión del Paradiso que no excluye, sino que incluye a su Inferno: se realiza la visión puramente dialéctica de la metáfora que por sucesivas series analógicas desemboca en una imagen final y doble. Esa es la visión total que opera *el razonamiento deductivo o silogismo poético* de Oppiano Licario, de José Cemí, de José Lezama Lima.

Notas
(1) Primera edición de *Paradiso* (La Habana, UNEAC, 1966), y por ella cito.
(2) Esta entrevista de Lezama Lima con Álvarez Bravo está recogida en *Recopilación de Textos sobre José Lezama Lima*, selección y notas de Pedro Simón (La Habana, Casa de las Américas, 1970). De ahí tomo la cita.
(3) Entrevista citada con Álvarez Bravo, pp. 27-29.
(4) Vale la pena consultar el trabajo de Severo Sarduy, «El barroco y el neobarroco», recogido en el libro *America Latina en su Literatura*, coordinación e introducción de Cesar Fernández Moreno (México, UNESCO/Siglo XXI, 1972); especialmente las pp. 174-176.

Bibliografía
Julio Cortázar, *Para llegar a Lezama Lima*, en La vuelta al día en ochenta mundos, Siglo XXI, México, 1967.
Carlos Monsiváis, *La calle Trocadero como medio, José Lezama Lima como fin*. Revista de la Universidad de México, n° 12, agosto de 1968.
Nueve Délficos, Ensayos sobre Lezama, Verbum, Madrid, 2014
Paradiso y Oppiano Licario: una guía de Lezama, Remedios Mataix Biblioteca virtual Miguel de Cervantes. http://www.cervantesvirtual.com/

Antecedentes históricos de la poesía afrocubana

Durante el Siglo de Oro, Cuba era tan sólo una placentera isla en la ruta de los galeones. Escasos eran sus colonos, y aun algunos de estos, atraídos por las fabulosas minas del continente, o por el afán de nuevas aventuras, seguían las huellas de Cortés y de Pizarro. Y los que quedaban, aislados en sus dispersos hatos o agrupados en insignificantes villas, no tenían ambiente propicio en Cuba para reflejar el dorado fulgor de las letras españolas. Por eso es notable encontrar que en lo poquísimo que se produjo en esa época (1), ya se mostraba decididamente la influencia del ambiente afro hispano de la colonia. El poema histórico «Espejo de paciencia», compuesto en 1608 por el canario Silvestre de Balboa (escribano que residía en el entonces caserío de 300 habitantes que hoy es la ciudad de Camagüey), llega a su punto culminante con la valiente acción de un negro cubano. Es este quien, al ir con los otros vecinos de Manzanillo a rescatar al Obispo Juan de las Cabezas de manos del pirata Gilberto Girón, logra en atrevida pelea dar muerte al forajido francés.

Los versos de Balboa: (2)

> Andaba entre los nuestros diligente
> Un etíope digno de alabanza,
> Llamado Salvador, negro valiente
> De los que tiene Yara en su labranza,
> Hijo de Golomón, viejo prudente;
> El cual armado de machete y lanza
> Cuando vido a Gilberto andar brioso,
> Arremete contra él cual león furioso.
> Don Gilberto que vido al etíope,
> Se puso luego a punto de batalla,
> Y se encontraron, mas quedó del golpe
> Desnudo el negro y el francés con malla.
> Sin que perdiese un punto en su defensa
> Hízose afuera y le apuntó derecho,
> Metiéndole la lanza por el pecho.

En estos versos, sin ser afrocubanos, puede notarse un notable progreso sobre los afro-españoles. Es cierto que todavía es visto el negro exteriormente, pero no ya como un ente singular y ridículo, sino como parte integrante de la población colonial, objeto de merecida admiración y simpatía. Para no dejar lugar a dudas, el mismo autor dilucida sus sentimientos así:

> ¡Oh, Salvador criollo, negro honrado!
> Vuele tu fama, y nunca se consuma;
> Queren alabanza de tan buen soldado
> Es bien que no se cansen lengua y pluma.
> Y no porque te doy este dictado,
> ningún mordaz entienda ni presuma
> Que es afición que tengo en lo que escribo
> A un negro esclavo y sin razón cautivo. (3)

Después de este aislado poema, nada hay que citar en las letras cubanas hasta ya bien comenzado el siglo XVIII. Es entonces cuando se empiezan a producir algunas poesías, aunque de escaso merito, y que no atañen directamente al asunto de este ensayo (4). La verdad es que Cuba, ahora más ligada a la metrópoli, refleja literariamente el mismo estado de decadencia que carcomía la producción de la península. No es sino en la segunda mitad del siglo cuando aparecen señales de progreso. La toma de La Habana, en 1762, por los ingleses, produce benéfica influencia en lo económico y da entrada a borbotones de luz en lo intelectual. España, aspirando ella misma aires de reforma y adelanto, envía de Gobernador al Marques de la Torre, que construye el primer teatro (1776), y luego a Luis de las Casas (1790-96), quien con la cooperación de criollos de la talla de José Agustín Caballero, Arango y Parreño, Zequeira y el doctor Romay, es animador de esa época en que se funda la Sociedad Económica de Amigos del País, aparece el Papel Periódico, se ensancha el comercio, aumenta la población, se labora en las ciencias, avanzan las artes, y de veras comienzan a florecer por primera vez las letras cubanas.

En esta época de fructífera actividad aparece el primer escritor mulato, el bayamés Manuel del Socorro Rodríguez (5), brillante autodidacta, quien por 1788 escribe el *Elogio de Carlos III*, en prosa, y el de los *Príncipes de Asturias*, en verso, como parte de los ejercicios literarios que se le exigieron en los exámenes que rindió en esa fecha. Poco después, el progresista monarca le nombraba bibliotecario en Santa Fe de Bogotá. Allí fundó un periódico y continuó su obra literaria como miembro integrante de la vida colombiana.

Por esos mismos años vivió Juana Pastor, parda habanera, de quien sólo se conservan unas décimas y un soneto, escritos por 1815 (6). Con ella entramos de lleno en el siglo XIX, siglo en que Cuba toma su puesto, al lado de sus hermanas continentales, en la vanguardia de la poesía americana.

Estos son, también, tiempos de enconadas luchas políticas y hondo cisma entre españoles y criollos. En Cuba se intensifica la vigilancia y recrudece el despotismo. La isla es entonces una larga verruga esclavista en la espalda del trópico. Y el cubano, por lo común liberal y antiesclavista, se pone al lado del negro, mientras el español, por lo general colonial y negrero, se pone bajo las alas de militares dictatoriales enviados por la España antiamericana de Fernando VII y sus sucesores. En estos momentos surgen José María Heredia, el gran bardo prerromántico; José Antonio Saco y Domingo del Monte, publicistas y defensores de la causa liberal, y la pléyade de intelectuales y literatos cuya historia es la historia del pensamiento cubano en su lucha libertaria.

Productos de este ambiente son dos poetas afrocubanos: «Placido», mulato y libre; Manzano, esclavo y negro. De sus vidas no quiero hablar. Para conocer los sufrimientos del último, baste leer su autobiografía (7). Para saber el desgraciado fin del otro, basta leer su «Plegaria a Dios», recitada, según se dice, camino al cadalso, por no probadas implicaciones en la conspiración de La Escalera.

A la obra de estos poetas, sin embargo, necesario es que le demos una ojeada, no por su semejanza con la nueva poesía afrocubana, sino por ser exactamente su contraste.

De los versos de Yuan Francisco Manzano (1797-1854) se puede decir que son totalmente blancos en la forma. Él dice que el modelo para sus primeros versos, especialmente las letrillas, es el español Arriaza, mas no menciona a Heredia, cuya influencia es clarísima en algunas de las mejores composiciones de Manzano (8).

En cuanto al fondo, cierto es que a veces se inspira en las cosas de Cuba («La cocuyera», «A la ciudad de Matanzas»), y que su musa es mulata al describir a su Delia como

> parda virgen que ciego idolatrara;
> cuyo candor a mi color uniera
> como ingenioso artífice entrelaza
> el morado clavel a la violeta.

Negro es también el éxtasis —éxtasis de la carne y del espíritu— que le causa «la métrica cadencia» de la música, que, al ser producida por las ágiles manos de la parda virgen

> me comunica el entusiasmo ardiente
> el volcánico ardor que hace a la mente
> por un mundo ideal, en fervoroso
> rápido vuelo, alzarse, y los conciertos
> de los celestes coros melodiosos
> endiosado gozar...

Pero lo más típico de Manzano es su profundo lamento de esclavo maniatado y adolorido, lamento de hombre que lleva en el cuerpo y en el alma las cicatrices de injustas humillaciones. Es ese dolor impotente que le hace imaginar, en «Oda a la luna»

> ... otro mundo feliz donde se oculte
> por un divino arcano
> otro género humano,
> otra especie tan pura cual sensible,

y que le inspiro su soneto «Mis treinta años», cuya traducción al inglés y al francés tanto sirvió a la causa antiesclavista.

De «Plácido» (Gabriel de la Concepción Valdés, 1809-1844), el infortunado hijo de un pardo peluquero y una bailarina burgalesa, mucho se ha escrito, tanto por los indiscutibles méritos de su obra literaria como por la tragedia de su vida misma (9).

Su musa es blanca, blanca y a menudo aduladora y mercenaria. De negro tenía muy poco en la sangre y aún menos en sus versos. Su poesía, si a veces da una nota negra, es más por lo tropical que por lo negro; por el clima, más que por la raza. Sin embargo, justo es mencionar que Languasco, al estudiar la poesía romántica en Cuba (10), hace notar que «la nota sensualista la hallamos sobre todo en algunas poesías de 'Placido' y señaladamente en el soneto 'A una ingrata'. En esta composición el poeta deja con acento sincero salir libremente de su pluma 'lo que en su alma queda de africano violento'».

Aún hoy se discute si en realidad estuvo él complicado en la conspiración antiesclavista de La Escalera, y se duda si había en él vena sinceramente patriótica o no. La parte política de su vida aquí no es importante. Sólo lo menciono como contraste de los mulatos poetas del futuro, como lo que pudo ser y no fue, ya por razones del ambiente, ya por su misma fibra moral. Muy en particular quiero señalar sus composiciones «Jicotencal» y «Las venturas del trabajo» para que se lean junto con «Los conquistadores» y «mañana» de Regino Pedroso, en las cuales, como ya ha notado don Fernando Ortiz, se abordan problemas semejantes y se les trata de manera opuesta (11).

Después de estos dos autores, muchos otros poetas de color expresaron en verso sus emociones. Esclavos unos, hombres libres otros. La lista es larga e interesante: Echemendía, Betancourt, Rosales, etc. (12) Pero sus composiciones no han pasado más allá de la mediocridad, y existe repetición de la misma nota hasta en algunos de los títulos. Son «Murmurios del Táyaba», «Ecos del Tínima», «Murmurios del Sagua» o «Rumores del Yayabo», títulos más o menos fluviales de poemas más o menos aguados.

Hay, finalmente, otro elemento que considerar. Es el canto folclórico africano trasplantado por el esclavo a su nuevo país. Ahí encontramos el canto de cabildo de la negrada del ingenio, la marcha de comparsa de sus fiestas, o el himno fervoroso a sus dioses, entonados a menudo en ese idioma, mezcla de español y dialectos africanos, que venía a ser como una *lingua franca* entre los infelices extraídos de distintas regiones por los ávidos buques negreros. Esa poesía popular negra, que coexistía con la décima del campesino blanco y la composición culta del poeta letrado, es la que, viviendo vida de obscuridad durante los siglos XVIII y XIX, ha venido a brotar redimida en lo más puro de la música y el verso afrocubanos del siglo XX (13). Gracias a la paciente labor de jóvenes eruditos, continuadores de los estudios fundamentales de don Fernando Ortiz, todo esto se ha investigado concienzudamente. José Antonio Portuondo acopia datos sobre las «tumbas» negras en Santiago. Guirao, en su *Órbita de la poesía afrocubana*, ha recogido y publicado, bajo el epígrafe de «Antecedentes folclóricos», varias composiciones anónimas de ambos siglos, y una *Antología de cuentos negros*. Sólo cito partes de tres de las composiciones recogidas por Guirao. (14)

La primera, un canto de cabildo, anónima del XVIII, comienza así:

>Piqui, piquimbín,
>piqui, piquimbín;
>tumba, muchacho,
>yama bo y tambó,
>Tambó ta brabbo.
>Tumba, cajero.
>Jabla, mula.
>Piqui, piquimbín,
>piqui, piquimbín.
>Pa, pa, pa, praca,
>Prácata, pra, pa.
>Cucha, cucha mi bo.
>...

Este canto de cabildo ya muestra el ritmo agreste, la desaforada predilección por la onomatopeya, y la alegría desbordada del cantor.

La segunda composición, igualmente anónima del siglo XVIII, es el siguiente canto de comparsa:

«Ta Julia»
—Ma Rosario ta mala.
(¡Cángala lagontó!)
—A be que cosa tiene.
(¡Cángala lagontó!)
—Tiene barriga y doló.
(¡Cángala lagontó!)
—Eta embarasá.
(¡Cángala lagontó!)
—Culebra l'asutta.
(¡Cángala lagontó!)

—¿Qué diablo son ese?,
pregunta e mayorá.
Mira diente d'animá,
mira fomma ne roccá,
mira sojo d'ese nimá,
¿candela ne parese?
¿Qué nimá son ese
que ne parese maja?
Ta Julia mimo ba matá.
…

Esta composición, que pudiera considerarse como antecesora de negrísimos poemas como el «Sensemayá» de Guillen, intensifica aún más la resonancia métrica de los versos.

La última de estas citas, «Mama Iné», ha sido fechada por Guirao en 1868. Es esta Mama Iné, dicho sea de paso, la que no sólo ha dado vena a una popularísima rumba que, junto con «El Manisero», rompió los limites insulares de la música afrocubana para hacerse continental y cosmopolita, sino que ha venido a transformarse, como Papa Montero, en personaje simbólico. «Mama Iné»:

Aquí etán todo lo negro,
que benimo a sabé
    si no consede pemmiso
    pa ponenno a molé.

La bendision, mi amo;
su messé, ¿no culdiba?
la yegua que yo teniba
la mayorá me la cujiba.
Disisa que me la comprá.

¡Ay, Mama Iné!...
Bamo a cottá la caña
que bamo a molé.
¡Ay, Mama Iné!...
¡Ay, Mama Iné!...
Eyo dinero no me dá
pa mí. ¡San Antonio!
¡Yo me queriba jorcá!
Fottuna la compañera
que la soga me cottá.
E beddá, e beddá...

Aquí etán todo lo negro, etc.

Notas

(1) C. M. Trelles, en su artículo «Los poetas cubanos de los siglos XVII y XVIII agrupados por regiones» (Revista Cubana, vol. II, pp. 173-180), deja ver que del poema de Balboa a que voy a referirme, no se conoce ninguna otra producción poética hasta más de un siglo después.

(2) El poema completo ha sido conservado en la *Historia de la isla y catedral de Cuba*, de Morel de Santa Cruz. Digitalizado por Internet Archive en 2014

(3) ibid.

(4) Estos son los tiempos de José Suri, José Rodríguez (Capacho), y otros poetas. Paralelamente coexisten en esta época cantos de cabildo, de comparsa, etc., netamente negros.

(5) Ver F. Calcagno: Diccionario biográfico cubano, pp. 546-49. Editorial N. Ponce de León, New York, 1878. Digitalizado por University of Illinois at Urbana-Champaign, Feb 5, 2016

(6) C. M. Trelles: «Bibliografía de autores de la raza de color, de Cuba», en Cuba Contemporánea, vol. XLIII, núm. 169, pp. 30-78.

(7) J. L. Franco: autobiografía, cartas y versos de Juan Fco. Manzano, Habana, 1937.

(8) La influencia herediana es clara en el metro, el estilo y aun el pensamiento político entre la composición de Manzano titulada «La Música» y la «Oda al Niagara» de Heredia.

(9) Véase C. A. Cervantes: «Bibliografía placidiana», en Revista Cubana, vol. III, núm. 22-24, pp. 155-186.

(10) Bernardo Languasco: *La poesía romántica cubana*, p. 151. Université de Toulouse. Faculté des lettres. Thèse de doctorat d'Université. Toulouse, E. Privat, 1930

(11) F. Ortiz: «Más acerca de la poesía mulata», Revista Bimestre Cubana, vol. XXXVII, núm. 1, p. 26.

(12) Véase el artículo de Trelles ya mencionado. También el libro de F. Calcagno: *Poetas de color*, y el articulo de R. Guirao: «Poetas negros y mestizos de la época esclavista», en la revista semanal Bohemia, Habana, agosto 26, 1934.

(13) Puede apreciarse la notable influencia que lo negro ejercía ya en la música popular en la valiosa colección de 1882 de *Guarachas cubanas desde las más antiguas hasta las más modernas.*

(14) Ramón Guirao: *Orbita de la poesía afrocubana, 1928-37: antología.* La Habana: Ucar, García y Cía, 1938. (Se encuentra en University of Miami Otto G. Richter Library)

José Antonio Ramos, dramaturgo cubano

José A. Ramos Aguirre nació el 4 de abril de 1885 en La Habana y murió el 27 de agosto de 1946 en la misma ciudad. Representante de la primera generación de dramaturgos de la Cuba republicana, su obra se encierra desde 1906, cuando publica su pieza inicial *Almas rebeldes* hasta la última, *FU-3001*, en 1944. (1) Fue uno de los más ilustres intelectuales del período inicial de la República, marcó el desarrollo de la cultura cubana como literato, dramaturgo y crítico.

El lugar primordial en la vida de José A. Ramos durante mucho tiempo lo ocupó el teatro, a donde iba en compañía de su amigo Max Henríquez Ureña. Se reunían en casa de Max y allí, cada uno escribía la crónica que debía entregar al día siguiente.

Entre los dramaturgos cubanos de esa era, Sánchez Galarraga le aventaja en fecundidad y frescura, Sánchez Varona en el diestro manejo de los elementos teatrales, Baralt en plasticidad y equilibrio, Salinas y Montes López en animadas pinturas de ambiente, pero es Ramos el único que con afanosa persistencia plantea y busca solución a los problemas de su patria y su generación. Por eso ninguno le iguala en cualidad ideológica.

La obra dramática de Ramos coincide cronológicamente con los primeros casi 50 años que llevaba Cuba de república, y es, en cierto modo, reflejo vivo de sus vicisitudes. Casi ya de muy joven escribe una pieza cuyo título es ya promesa y presagio de su labor total: *Almas rebeldes*, drama en cuatro actos terminado antes de cumplir los veintiún años, y publicado en Barcelona en 1906 junto con otro drama en tres actos: *Una bala perdida*. En rápida sucesión siguen *Nanda*, comedia dramática en tres actos (La Habana, 1907), y *La hidra*, drama también en tres actos (La Habana, 1908). Son estas sus obras de juventud, viriles y apasionadas siempre. Hoy sólo tienen el mérito de haber servido de aprendizaje a un escritor de fuerte fibra y personalidad vibrante. Además, *Una bala perdida* sirvió luego de base para su *Calibán Rex* y *La hidra*, con sustanciales cambios en trama, personajes y orientación, fue refundida en su admirable *Tembladera*.

En 1911, dedicado a crear un teatro de ideas, surgen *Liberta,* novela en cuatro jornadas, y *Cuando el amor muere,* primer acto de comedia. En Liberta no hallo público interesado en la obra. Mejor fortuna que *Liberta* tuvo *Cuando el amor muere...* Es esta pieza un fino y poético primer acto de comedia en que se deja al público la tarea de suplir el desenlace. Lo sugerente y nada convencional de la trama, y la constante elevación y cuidado del estilo, completan los méritos de esta obra.

A fines de 1913 estrena simultáneamente en Barcelona y en La Habana su drama *Satanás*. (2) Esta obra, inspirada en experiencias personales mientras visitaba parientes lejanos en España, se desarrolla en uno de esos lugares peninsulares, obscuros y obscurantistas, donde los habitantes vegetan en una torva atmosfera de fanatismo y superstición, ambiente muy similar al de la Doña Perfecta de Galdós.

Caracteriza esta obra la abundancia de situaciones dramáticas, y esa constante pugna de Ramos contra la cobardía que se hace pasar por virtud y la falsedad por decencia.

En el prólogo de Satanás declara Ramos el propósito que le animará en sus futuras creaciones al afirmar: «Soy cubano, y todas mis aspiraciones, aun las inconfesables a fuera de fantásticas, van a mi patria. Que de allí saldrán algún día si tienen por qué salir» (3).

Ese propósito cristalizó inmediatamente en Calibán Rex, drama político cubano estrenado en La Habana en mayo de 1914. Esta obra es un concluyente análisis de una enfermiza democracia que empieza a manifestarse.

Al año siguiente publica la pieza en un acto *El traidor*. En ella une Ramos elementos teatrales impresionantes —lobreguez nocturna, tormenta, descargas eléctricas— para crear el ambiente patético y fantasmal necesario al argumento: un episodio trágico de la independencia, inspirado en los siguientes versos de Martí:

> Por la tumba del cortijo
> donde está el padre enterrado,
> pasa el hijo, de soldado
> del invasor; pasa el hijo...
>
> El padre, un bravo en la guerra,
> envuelto en su pabellón
> alzase, y de un bofetón
> lo tiende muerto por tierra.
>
> El rayo reluce, zumba
> el viento por el cortijo...
> El padre recoge al hijo
> y se lo lleva a la tumba.

Hay que añadir que el haber descubierto el sentido dramático de esos versos y haber plasmado su asunto en forma teatral no es el único punto de contacto entre Ramos y Martí. Al contrario, Ramos fue constante admirador del Mártir de Dos Ríos, y su pensamiento está impregnado del ideario martiano.

En ese mismo año publicó otra obra también de ambiente cubano: *El hombre fuerte,* drama en tres actos (Madrid, 1915). El título es irónico: no hay tal hombre fuerte en este drama. El protagonista, un extrovertido audaz y materialista, es un hombre incompleto porque desconoce el mundo del espíritu. Su antagonista, un personaje reflexivo y filosófico, es igualmente incompleto porque carece de sentido de la realidad. Ramos ha desdoblado aquí al hombre equilibrado en dos personalidades opuestas: uno sin espíritu y el otro sin materia. De la unión armoniosa de esos elementos se compone el hombre verdaderamente fuerte. (4)

Dos años después termina *Tembladera*, (5) que además de ser uno de los más acabados dramas con que cuentan las letras cubanas, es el mejor ejemplo del empeño de Ramos de servir a la patria. En este drama el autor logra el triple propósito de plantear un problema capital cubano, la explotación de la tierra, ofrecerle solución y hacer buen teatro. Por primera vez se unen en un escritor insular las características del sociólogo, el pensador y el dramaturgo. *Tembladera* es la obra maestra de Ramos. Escrita con afortunada lucidez y energía, y cohesivamente desarrollada, ha quedado como una de lo mejor y más noble que ha dado una pluma cubana para el teatro nacional de Cuba. (6)

En 1932, escribe *En las manos de Dios,* una obra de estimulante lectura para quienes pueden proyectar su pensamiento al futuro y concebir un mundo mejor, nacido del esfuerzo y la dignidad humanos.

A este drama siguen cronológicamente dos piezas menores: *La leyenda de las estrellas,* 1935, y *La recurva,* 1939. Esta última es, en cierto modo, una variación del tema de *Tembladera*, modernizado y concentrado en las breves dimensiones de un acto.

En 1944 publica Ramos la última de sus obras teatrales: *FU-3001*. En el prólogo de esta obra Ramos condensa el credo artístico que iluminó su labor de autor dramático. Dice:

> «A mí me importa el teatro como arte social en acción, como creación artística, como expresión en diálogo —forma platónica universal e insuperable— de todo lo que siente y piensa un pueblo, a través de sus más amorosos y profundos exégetas» (7).

En conclusión, José Antonio Ramos, fue un amoroso y profundo exégeta de su pueblo.

Notas
(1) Leal, Rine. *Breve historia del teatro cubano*. Editorial Félix Varela. La Habana, 2006, p. 71 ISBN 959-258-690-X
(2) J.A. Ramos. *Satanás: drama en un prólogo y dos actos*, Editorial Helénica, Madrid, 1913
Original en la Universidad de Illinois en Urbana-Champaign
(3) Ibid.
(4) J.A Ramos. El Hombre Fuerte: Drama En Tres Actos, editorial Forgotten Books, 6 de septiembre de 2018.
(5) José Antonio Ramos. *Tembladera: drama en tres actos*, Imprenta «El Siglo XX» de la Sociedad Editorial Cuba Contemporánea, 1918. Original

en la Universidad de Wisconsin – Madison, digitalizado el 20 de agosto de 2007

(6) José Angel Bufill. *Análisis crítico de Tembladera de José Antonio Ramos,* State University of New York at Buffalo, 1967

(7) Esther Sánchez-Grey Alba. *Teatro cubano: tres obras dramáticas de José Antonio Ramos.* Senda Nueva de Ediciones, New York, 1983.

Bibliografía

HENRÍQUEZ UREÑA, Max. «Evocación de José Antonio Ramos», en *Revista Iberoamericana,* págs. 251-261 (Pittsburgh, XII, 24, 1947).

LEAL, Rine. «Ramos dramaturgo o la república municipal y espesa», en *Islas,* págs. 73-91 (La Habana, 36, 1970).

OLGUÍN, Manuel. «La filosofía de José Antonio Ramos y su afinidad con la del pueblo y los pensadores de los Estados Unidos», en *Revista Iberoamericana,* págs. 291-299 (Pittsburgh, XII, 24, 1947).

PERAZA, Fermín. Bibliografía de José Antonio Ramos - Revista Iberoamericana, 1947

PORTUONDO, José Antonio. «El contenido político y social de las obras de José Antonio Ramos», en *Capítulos de literatura cubana,* págs. 395-468 (La Habana; Ed. Letras Cubanas, 1981).

RODRÍGUEZ, Luis Felipe. «Ficción y sensibilidad de José Antonio Ramos», en *Universidad de La Habana,* págs. 184-193. (La Habana, 70-72, 1947).

SMITH, Octavio. «Travesía por José Antonio Ramos», en *Revista de la Biblioteca Nacional José Martí,* págs.17-31 (La Habana, 17, 3,1975).

Julián del Casal, la definición de su personalidad.

Julián del Casal nació en La Habana el 7 de noviembre de 1863 y murió el 21 de octubre de 1893 en la misma ciudad. Sus biógrafos informan que tenía una personalidad introvertida y triste que se refleja luego en muchos de sus poemas y su frecuente preferencia por temas decadentistas.

Dentro de las letras iberoamericanas Julián del Casal es un poeta modernista. Su obra, en efecto, ejemplifica la integración de las diferentes corrientes poéticas de su época (simbolismo, parnasianismo, decadentismo) con una renovación del idioma español. Rubén Darío conoció a Casal durante su visita a Cuba en 1891 y desde entonces les unió una fuerte amistad.

Julián del Casal recogió su obra en tres libros fundamentales: el primero, *Hojas al viento*, de 1890; el segundo, *Nieve*, de 1891; y el tercero, *Bustos y rimas*, de 1893.

Se ha realizado ya el estudio de las influencias extranjeras en la obra de Casal. Pero, a pesar de la exactitud con que se pueden medir sus deudas para con la literatura francesa que tanto amaba, y de la paciencia con que se han señalado en su verso los ecos conscientes e inconscientes de sus lecturas, el lector de Casal se siente perdido todavía, sin una clave de comprensión o valoración. El enigma de la personalidad de Julián del Casal parece repetirse en su obra.

La obra, en realidad, no es sino reflejo lejano de una biografía o de los pormenores de una vida de la cual me interesa aquí solamente lo definidor, la melancolía y el tedio sin causa tantas veces expresados en el poeta, «la tristeza profunda de ser hombre». Es costumbre describir la angustia nihilista de Casal y colocarlo entre los primeros modernistas, la generación de iniciadores, como un innovador que tomó de Baudelaire y del parnasianismo determinadas formas e ideas y directivas poéticas que se incorporarían luego a la literatura hispánica. De esa manera se oculta a veces, con el análisis del detalle, una verdad más honda: la tradicionalidad de la poesía de Casal. De ahí que se haya descuidado el estudio de los pocos momentos válidos de su obra, para hacer hincapié en la profusión de reflejos de lo extranjero. Se ha olvidado que en todo estudio de literatura comparada deben ir de la mano la indicación de la fuente extranjera y la definición de la originalidad del autor que la incorpora a su obra propia.

Y lo más original y propio es a menudo lo tradicional que se renueva en una mentalidad moderna. A pesar de las lecturas extranjeras, se afirma a veces en Casal la fuerza de los «conceptos» que se habían depositado en el fondo de su espíritu gracias a las lecturas hechas de niño o adolescente, y, cuando tales «conceptos» brotan sin imitación consciente en la madurez de pensamiento o sentimiento, el eco es sutilmente despistador. Por esta razón parece posible volver a analizar la poesía de Casal aun después de los estudios de Gustavo Duplessis y de José María Monner Sans, el primero un trabajo detallado y valioso, y el segundo una introducción ejemplar al estudio de conjunto del modernismo hispanoamericano (1). Lo que hay que hacer ahora es posible sólo en función de la existencia de estos trabajos y a base de sus conclusiones y hallazgos: la búsqueda de un punto fijo que ilustre la personalidad poética de Casal. Esta búsqueda deberá llegar, finalmente, al encuentro de un poema, al menos, en que se decida con toda claridad el valor posible de su obra.

En la obra de Casal, más que en la de otros modernistas, es patente la influencia de Baudelaire, no sólo porque el cubano lo conocía mejor, sino también porque esta influencia, cuando aflora, no está asimilada en poesía propia, sino más bien aparece como algo añadido, como cita de admiración, o seguida de cerca en ecos que no se atreven a fundir los sonidos con otros para producir algo distinto. La misma veneración de Casal por Baudelaire le ha impedido a veces hacer suyos los métodos profundos que el francés había anunciado y que hereda la poesía moderna. Se ha apoderado Casal de lo externo, de la «forma mucho mejor que del fondo de la poesía baudeleriana» (2).

Por lo pronto, parece claro que Casal admiraba a Baudelaire casi hasta el punto de excluir a otros poetas, y quizá el «bardo único» de quien habla en su poema *A la belleza* sea el propio Baudelaire (el poema lleva como epígrafe una famosa estrofa de *Bénédiction*), aunque no es posible afirmarlo inequívocamente.

Como su maestro francés, tiene Casal el «impuro amor de las ciudades» y se escapa del lugar en que le ha tocado vivir hacia todos los exotismos, en viajes imaginarios. De Baudelaire también, más que de su propia experiencia, deriva su «hastío glacial». Aún más inmediato es ese parentesco en *La canción de la morfina*, que repite el interés decadente por los paraísos artificiales. Un parecido, ya señalado por la crítica, con el poema *L'albatross* se da en la imagen final del soneto El arte, y también la técnica misma de este poema de Baudelaire, la «descripción inicial para en ella apoyar la comparación consecuente», parece darle la pauta que sigue en *Mi ensueño* (3). Gusta Casal, además, del «detalle macabro en que se presienten emanaciones cadavéricas. Sin embargo, no iguala en esto a Baudelaire» (4).

Precisamente su interés depurado por los temas ha desviado a Casal y le ha impedido encontrar lo esencial de Baudelaire en la manera, en la novedad de la creación poética por medio de la evocación. Lo superficial y fácil de tomar, la idea de que hay posibilidades de comparación entre distintas sensaciones, sí que aparece. Pero nunca se crea en su poema la atmósfera de evocación alucinante que caracteriza a los mejores poemas de Baudelaire. Aunque la sinestesia como juego de sensaciones haya recibido más atención crítica de la que merece, es la teoría recóndita de la evocación por medio de las sensaciones la que define el hallazgo de un método poético en Baudelaire. Para comprender este método bastará recordar uno de los poemas, *La Chevelure*, donde está empleado con mayor fortuna. Partiendo del perfume indefinible de una cabellera, por asociación de este perfume y los olores embriagantes de un país lejano, se crea una visión mágica del Asia. No debe confundirse este método de creación artística con el fenómeno psíquico, frecuentemente anormal, de la sinestesia. En éste, el estímulo de un sentido se confunde con la respuesta de otro, y el fenómeno en sí no tiene función estética, aunque pueda ser usado en poesía para ciertos fines de decoración poética o como centro de un concepto de la realidad. En la evocación, por el contrario, nos hallamos de lleno en el terreno de la creación, que consiste en traer un mundo imaginado a la vida mental del lector a través de la experiencia misma, vivida o soñada, que se interpreta. En *La Chevelure* se interpreta un momento de pasión ardiente en una alucinación de mundos intercambiables.

El procedimiento se repite en otros poemas de Baudelaire; baste, como ejemplo, un fragmento de *Parfum exotique*:

> *Guidé par ton odeur vers de charmants climats,*
> *je vois un port rempli de voiles et de mâis*
> *encor tout fatigués par la vague marine,*
> *pendant que le parfum des verts tamariniers,*
> *qui circule dans l'air et m'enfle la narine,*
> *se méle dans mon âme au chant des mariniers.**

En Casal la velación es de una dependencia a la vez mayor, de eco directo, y menor, porque él nunca se detiene a estudiar e incorporar las doctrinas de Baudelaire en su propia poesía. Lo que quiere decir que el valor de Casal no puede definirse en relación con la influencia de Baudelaire; sólo se puede señalar esta influencia como algo externo que, una vez puesto a un lado, nos permitirá examinar lo esencial de su poesía. Pero antes es necesario establecer otro punto de referencia: la relación de su poesía con el Parnaso post-baudeleriano, cuidadosamente estudiado por Casal Como esta parte de su obra —la que sigue de cerca los principios de objetividad y refinamiento técnico propios del Parnaso francés— es la más extensa, tendremos que aceptar el juicio poco halagador que reduce a Casal a «lo que podríamos llamar un virtuoso de la rima» (5), y añadir que no mira la naturaleza «con el propósito de expresar estados de alma a la manera romántica, sino complaciéndose, parnasianamente, en el empaste multicolor y decorativo de cada cuadro, fiesta ofrecida a sus ojos»(6).

Desde sus deudas para con Gautier y Huysmans (7) hasta sus lecturas de Banville y Leconte de Lisie (8) y sus traducciones e imitaciones de Heredia y aun de Louis Bouilhet (9), todas las imitaciones directas de los parnasianos y los ecos que salpican aquí y allá una obra titubeante han sido señalados hasta ahora; no queda por hacer sino el inventario de esta influencia parnasiana, preguntarse si algo quedó, si aprendió algo el poeta en esta larga esclavitud. Para ello nada mejor que un rápido examen del soneto *Elena*, de indudable filiación parnasiano-decadente, ya que pertenece a la serie «Mi museo ideal», inspirada en los cuadros de Gustave Moreau, de los cuales tenía conocimiento Casal a través de Huysmans. Un libro decadente, *A Rebours*, un pintor decadente y la técnica de descripción pictórica objetiva de un tema de la antigüedad clásica ensalzada por el Parnaso, son los elementos que constituyen el soneto:

> Luz fosfórica entreabre claras brechas
> en la celeste inmensidad. y alumbra
> del foso en la fatídica penumbra
> cuerpos hendidos por doradas flechas.
>
> Cual humo frío de homicidas mechas,
> en la atmósfera densa se vislumbra
> vapor disuelto que la brisa encumbra
> a las torres de Ilión, escombros hechas.
>
> Envuelta en veste de opalina gasa,
> recamada de oro, desde el monte
> de ruinas hacinadas en el llano,
>
> indiferente a lo que en torno pasa,
> mira Elena hacia el lívido horizonte
> irguiendo un lirio en la rosada mano.

El cuadro no admite la presencia del poeta, su queja o su aprobación. En la frialdad más absoluta se desarrolla, más bien se abre la escena, y aun el «cual» del quinto verso, que debería indicar la intervención del sujeto pensante, se transforma inmediatamente para dar a la comparación casi la inevitabilidad de una existencia en sí, reducido el todo a un «humo frío» que se eleva hacia las distantes torres de Ilión. Todo el horror del horizonte rojo no alcanza a deshacer la calma indiferente de la belleza ele Elena, presente en su lirio y en la sugestión de color de su mano.

Dentro de los escasos límites de la técnica que se ha impuesto el poeta, los sonetos de «Mi museo ideal», y *Elena,* sobre todo, tienen el relativo valor de su competencia: el verso es exacto, la rima bien hallada, el cuadro completo, sin concesiones a la facilidad. A pesar de ello, no queda más remedio que aceptar el juicio de la posteridad y admitir un simple valor de documento histórico para esta parte de la obra de Casal. Pero habrá que admitir también que el hecho mismo de intentar una absoluta perfección técnica ha dado al soneto un mayor rigor, no sólo en los poetas que vendrán después, sino también en el mismo Casal, que, si bien no consiguió en su parnasianismo transmitir la poesía grandiosa que quizá había soñado escribir, alcanzó a través de él una habilidad de versificador que no habría logrado sin esa disciplina literaria.

Lo céntrico del pensamiento de Casal, al parecer derivado de Baudelaire, se halla en la monótona afirmación de su tedio vital, mientras que del Parnaso ha heredado una habilidad técnica y una preocupación por el detalle de la versificación que son poco comunes en su tiempo. No obstante, para comprender su poesía nos hace falta un asidero más. Por lo pronto, se ha insinuado ya, aunque débilmente, que la poesía de su idioma, la tradición suya, no está ausente por completo de la obra ele Casal. Además de la tradicionalidad de los metros (10), se ha señalado en un poema de su primer libro un momento que recuerda a Garcilaso: «Sus labios de carmín, que afrenta fueron / de las fragantes rosas encarnadas» (11). Asimismo, en el capítulo «La iniciación del poeta» (12), reseña Monner Sans los titubeos zorrillescos y las reminiscencias de Núñez de Arce o Campoamor en este primer libro de Casal.

Lo que resulta extraño es no encontrar una fusión de lo primario, las lecturas de su propia tradición, con las novedades aprendidas en Baudelaire y en el Parnaso. En primer lugar, observemos, para así establecer las preferencias de Casal en sus recuerdos de la poesía castellana, que el eco mencionado de Garcilaso, aunque tiene algo de la armonía garcilasiana, se inclina más hacia aquellas maneras renacentistas que va a exaltar Góngora más tarde, las exageraciones y los retruécanos culteranos que van a ser parte del barroco y que tienen su base en los juegos poéticos de la literatura cortesana del siglo XV. He aquí al menos una pista para adentrarnos por los gustos de Casal.

Asimismo, el tedio y el deseo de morir para descansar, una idea muy española, se unen en *Nostalgias*, de su segundo libro, *Nieves*, para expresarse en la muy tradicional copla de pie quebrado:

> Mas no parto. Si partiera,
> al instante yo quisiera
> regresar.
> ¡Ay! ¿Cuándo querrá el destino
> que yo pueda en mi camino
> reparar?

Toda su pesadumbre de moda modernista se concentra para rememorar un anhelo ancestral de la cultura hispánica, pero todavía no alcanza la perfección formal que le podría dar su aprendizaje parnasiano. Sólo en su libro póstumo reaparece el grito de un deseo amargo, esta vez en la perfección acabada del endecasílabo:

> y más me tarda cuanto más la ansío
> y más la ansío cuanto más me tarda.

El eco de la célebre copla del Comendador Escrivá es seguro, pero está aquí asimilado de tal manera que, si tras los versos de Casal leemos los de la copla antigua,

> Ven muerte tan escondida
> que no te sienta conmigo,
> porqu'el gozo de contigo
> no me torne a dar la vida, (13)

vemos que nos hallamos ante dos hechos poéticos relacionados, pero absolutamente distintos. En el moderno, por otra parte, se ha incorporado a la paradoja tradicional una lejana alusión al místico «que muero porque no muero» y se ha transportado la abstracta

consideración de la muerte en general a la muy concreta presentación del tiempo que se desliza hora tras hora. En este último detalle se acerca Casal al pensamiento del siglo xx y prepara las preocupaciones de los poetas modernos españoles por un tema tradicional que se refuerza al contacto con la filosofía francesa y que, por consiguiente, no puede considerarse privativo ni aun significativo en la obra de la Generación del 98. Si así fuera, Casal, entre otros hispanoamericanos, debería ser incorporado a esa Generación. (14)
Por consiguiente, en los dos versos citados de Casal se moderniza la tradición. El poema entero, el soneto **Las horas**, nos trae a este rotundo final, pasando por una comparación muy parecida a la que se daba en el soneto *Elena* —una comparación que empuja las horas a un horizonte de cuadro parnasiano, en medio de un paisaje irreal, aunque claramente delineado en sonido y color:

¡Qué tristes son las horas! Cual rebaño
de ovejas que caminan por el cieno,
entre el fragor horrísono del trueno
y bajo un cielo de color de estaño,

cruzan sombrías en tropel huraño
de la insondable Eternidad el seno,
sin que me traigan ningún bien terreno
ni siquiera el temor de un mal extraño.

Yo las siento pasar sin dejar huellas,
cual pasan por el cielo las estrellas,
y, aunque siempre la última acobarda

de no verla llegar ya desconfío,
y más me tarda cuanto más la ansío
y más la ansío cuanto más me tarda. (15)

El enlace de lo tradicional y de las novedades del aprendizaje parnasiano en el tema fundamental del pensamiento de Casal, ha producido un soneto de excepcional claridad, en el que el enigma de su poesía se resuelve en perfección. Quizá sea injusto ver la poesía de Casal sólo a través de estos pocos versos, cuando tanto en ella es inconsistente. Sin embargo, se impone una nueva' lectura del soneto *Las horas*, después de analizar las superficialidades que marcan un largo aprendizaje, si queremos comprender todo el tedio glacial que la poesía modernista adoptó del extranjero como algo postizo, pero que Casal supo entroncar con otro tema muy antiguo para expresar en un soneto la definición de su personalidad.

Notas

(1) GUSTAVO DUPLESSIS, *Julián del Casal*, RBC, 54 (1944), 31-75, 140-170, 241-283; JOSÉ MARÍA MONNER SANS, *Julián del Casal y el modernismo hispanoamericano*, México, 1952. Abreviaré en adelante, respectivamente, D y M.

(2) D, op. cit., p. 151

(3) M, op. cit., p. 54

(4) ARTURO TORRES-RIOSECO, *Precursores del modernismo*, Madrid, 1925, p. 42.

(5) TORRES-RIOSECO, op. cit., p. 52.

(6) M, op. cit., p. 53

(7) Véase «A Rebours y dos sonetos de Julián del Casal», en A. Torres-Rioseco, *Ensayos sobre literatura latinoamericana,* Segunda serie, México, 1958, pp. 90-92.

(8) M, op. cit., p. 52

(9) D, op. cit., p. 148-149

(10) M, op. cit., p. 48

(11) D, op. cit., p. 142

(12) M, op. cit., p. 40-48

(13) Esta famosa copla de la tradición ascético-mística castellana se encuentra, en versión distinta, en el Quijote, 11, 38, y puede que así la conociera Casal: «Ven, muerte, tan escondida, / que no te sienta venir, / porque el placer de morir / no me torne a dar la vida».

(14) En su libro *Modernismo frente a Noventa y ocho* (Madrid, 1951), GUILLERMO DÍAZ PLAJA usa este concepto del tiempo, entre otros, para oponer dos grupos de escritores del momento.

(15) JULIAN DEL CASAL, *Bustos y Rimas*, La Habana, Imprenta La Moderna, 1893, versos citados de Casal, varias páginas. Libro «en línea» en la biblioteca de la Universidad de Harvard.

* Traducción de *Parfum exotique*

Guiado por tu aroma hacia mágicos climas
Veo un puerto colmado de velas y de mástiles
Todavía fatigados del oleaje marino,
Mientras del tamarindo el ligero perfume,
Que circula en el aire y mi nariz dilata,
En mi alma se mezcla al canto marinero.

Cirilo Villaverde
Autor de la clásica novela cubana Cecilia Valdés

Cirilo Villaverde nació en una plantación de caña cerca de Pinar del Rio en el año 1812, y murió en Nueva York en 1894. Según A. M. Eligio de la Puente en su introducción a *Dos amores*, no pudo haber nacido en sitio más adecuado para la recopilación de datos para libros de ambiente cubano. Villaverde vivió en la plantación hasta los seis o siete años. Allí pudo observar el trato cruel que recibían los esclavos, y según nos dice él mismo, aprovecho este conocimiento en las descripciones de escenas de crueldad en Cecilia Valdés (1).

Villaverde se graduó de Derecho en el año de 1834. Inmediatamente comenzó a ejercer su profesión; pero se desanimó pronto y termino abandonándola para siempre. Pasó al magisterio y enseño en varias de las bien reputadas academias de La Habana y Matanzas. Escribió un texto sobre geografía de Cuba y otro libro titulado *Los cuentos y las conversaciones*.

Alrededor del año 1834 comenzó a frecuentar las tertulias literarias de Domingo del Monte (2). Allí conoció las figuras sobresalientes del mundo literario cubano en aquella época. Tres años más tarde, en el año 1837, comenzó su carrera literaria. Exceptuada la revisión de su gran obra maestra, Cecilia Valdés, casi todas sus obras novelescas fueron escritas en el curso de los siguientes diez años.

La primera obra de ficción de Villaverde apareció en *Miscelánea de útil y agradable recreo*, volumen I, agosto, 1837. Es una leyenda romántica titulada *El ave muerta*. También en este primer volumen aparece *La peña blanca*. En el volumen II, septiembre, 1837, aparecen dos de sus novelas cortas, El perjurio y La cueva de Taganana. En ninguna de estas historias promete mucho el futuro autor de Cecilia Valdés.

El espetón de oro y *Engañar con la verdad* aparecieron el siguiente año, 1838, en *El álbum*. *El espetón de oro* es una obra mejor que las primeras de Villaverde. Remos indica que el estilo y el desarrollo de caracteres denotan mejoría en esta obra (3).

La historia es romántica en todos sentidos. El autor, sin embargo, demuestra mayor interés en las costumbres de la época, y, a excepción de lo inverosímil del final y del desarrollo pobre del héroe, la historia es buena. Uno de los más fascinantes cuentos de Villaverde es Lola y su periquito, que apareció en *Obsequio a las damas*, en 1839. Otro cuento de ese mismo año es *Teresa. Una cruz negra* fue publicada en este mismo año, en los volúmenes 2 y 3 de *La cartera cubana*.

La primera versión de Cecilia Valdés apareció en el año 1839, en las páginas de *La siempreviva*. Fue publicada en dos partes o capítulos. El primero apareció en el volumen 2 de *La siempreviva*, pp. 75-87, y el segundo en las pp. 242-254. No es un bosquejo o croquis, como muchos han creído, de esta gran novela, sino el principio de la historia. En el mismo año, esta primera parte de la gran obra fue publicada en forma de libro. Las 246 páginas de que consta esta obra son pequeñas y la letra es grande. La versión de *La siempreviva* llega hasta la página 51 de la edición en forma de libro. Varios párrafos fueron omitidos y en general tiene algunas correcciones. Cuando la novela apareció completa, en el año 1882, el primer volumen, publicado con anterioridad a esta fecha, había sido grandemente alterado (4).

Desde el año 1842 en adelante la mayor parte de los cuentos y novelas cortas de Villaverde aparecen publicados en serie, en las páginas de *El farol industrial*. En 1842 publico en ese periódico *El ciego y su perro*, *Declaración de un marinero náufrago* y *Generosidad fraternal*. Todos estos cuentos son pobres, y de muy poco valor literario. Al siguiente año pertenece *La peineta calada*. En los años 1844, 1845 y 1846 aparecen *La tejedora de sombreros de Yarei*, *Comunidad de nombres y apellidos* y *El misionero de Caroni*. Ninguna de estas obras tiene sobresalientes méritos literarios.

En el año 1848 se vio envuelto en una conspiración junto con el famoso Narciso López; fue capturado por las autoridades españolas y sentenciado a muerte. Afortunadamente, pudo escapar y el siguiente año se refugió en Nueva York. En esta ciudad fue secretario de Narciso López, hasta la muerte de este último; fue editor y colaborador de numerosas revistas, dio clases privadas de español, fue maestro de escuela, y finalmente se dedicó, sobre todo, a ganarse la vida en un país extraño y a luchar por la causa de la independencia cubana.

Como hemos visto, la primera novela de Villaverde fue Cecilia Valdés, publicada en 1839. El primer volumen fue lo mejor que escribió Villaverde, hasta que apareció la edición final y definitiva, en el año 1882. Se destaca esta obra única y significante entre la pobreza y la prisa con que fueron escritas sus novelas y cuentos. Parece como si el autor hubiese encontrado en este tipo de novela su propio medio de expresión. Elementos históricos y costumbristas prevalecen en esta obra. En ella todo es realidad, todo es verdad y cuidadoso artificio. El autor trataba de darnos obras imaginativas de otros tiempos, pero siempre obtuvo un mezquino éxito. Su talento no estaba inclinado en esa dirección, ciertamente. Puede decirse que es en sus descripciones de costumbres donde Villaverde nos da un verdadero sentido de la realidad, y es precisamente por esto que nos demuestra ser un gran novelista, un gran cuentista.

La Cecilia Valdés de 1839, sin embargo, no puede compararse con la obra maestra final del año 1882. En los años transcurridos entre estas dos fechas, Villaverde llego a su plena madurez, como novelista del escenario cubano. Manuel de la Cruz expresa esta idea muy bien, cuando nos dice, «Las novelas de Villaverde, anteriores y posteriores al primer ensayo de Cecilia Valdés, aunque llenas de colorido local, son como ejercicios en que desarrolla sus facultades» (5).

José F. Castellanos mantiene la grandeza de la primera parte de Cecilia Valdés, edición del año 1839, pero admite que la novela completa de 1882 es superior: «Esa división temporal no resta calidades a dichas obras en lo conocido desde el primer momento: los doce capítulos de Cecilia Valdés, como la primera parte de la obra maestra de la lengua española y la del gran poema argentino (Martin Fierro), llevan ya, a manera de impronta, el genio del autor. Allí quedo también, con el estilo, el canevá en que habría de bordarse el tema en su totalidad; en fin, esa primera parte permite apreciar, de modo inconfundible, como resultaría la obra terminada. Desde luego, la evolución interna del escritor, su madurez y refinamiento con el avance de los años, se manifiestan al final en un arte mis depurado; es el proceso de una mejor reflexión, que anula lo intuitivo. Lo bueno siempre resultara superado por lo mejor» (6).

La división de las obras de Villaverde en novelas y cuentos es arbitraria. Cecilia Valdés, en su forma final, es realmente la única novela larga compuesta por el autor. La edición de 1882 tiene alrededor de 400 largas páginas impresas en tipo pequeño de letra. Además de Cecilia Valdés, se han clasificado como novelas las siguientes: *La joven de la flecha de oro, El guajiro, Dos amores, El penitente, La tejedora de sombreros de Yarei, La peineta calada* (7).

Como ya he mencionado, la primera parte de Cecilia Valdés apareció en el año 1839. Fue dos años más tarde cuando el autor escribió otra novela, *La joven de la flecha de oro.* Esta obra es muy inferior a Cecilia Valdés (8). La mejor de las obras menores de Villaverde, *Dos amores*, fue escrita en 1842; en ella encontramos más cuidado y atención en los detalles, que en la mayor parte de las novelas del autor. En su introducción a *Dos amores*, Eligio de la Puente señala algunos de los defectos de la obra, a pesar de lo cual la llama la mejor obra menor de Villaverde, ensalzándola en general. «Toda la compilación de la novela, en que juegan pasiones vigorosas como el amor de Weber, la ambición de don Camilo y la desgracia que abruma a Celeste; toda su trama, en fin, se desenlaza en las breves páginas del último capítulo, acumulando demasiados sucesos que debieron desarrollarse más ampliamente para preparar al lector a recibir los efectos de la pasión de Teodoro, resorte esencial de ese desenlace, que había sido dejada muy en segundo plano en todo el cuerpo de la narración, y que de repente se revela como eje y centro de su acción. Acertadamente tachó un crítico distinguido a este personaje de algo artificioso y teatral, porque en efecto, su intervención, providencial siempre en las situaciones más importantes de la obra, es algo que le resta valor» (9).

La última de las novelas de Villaverde, anterior a la edición final de Cecilia Valdés (1882) es *El penitente*, 1844. Esta es una de las mejores de las obras menores del autor. La escena está situada en La Habana a mediados del siglo XVIII; es una novela histórica y por lo tanto está mejor concebida que aquellas obras grandemente imaginarias de su primera época, pues como novelista de costumbres o como novelista histórico, Villaverde se destaca mejor (10).

Las obras menores de Cirilo Villaverde muestran a grandes intervalos la chispa del genio creador, así como de aquel que había de escribir la gran novela *Cecilia Valdés*.

Las primeras obras de Villaverde son significativas, casi podemos decir, en cuanto se alejan del romanticismo y tienden hacia el realismo. Por el contrario, muy frecuentemente sus cuentos son pobres imitaciones de los muy improbables y superimaginativos modelos en boga en aquel tiempo (11).

Notas

(1) *Dos amores*, Cirilo Villaverde. colección de Libros Cubanos, vol. 14, Cultural, p. VIII, Habana, 1930, con una introducción por Eligio de la Puente.
Disponible en Florida International University, Green Library, Modesto A.Maidique Campus, Miami, FL
(2) *Historia de la literatura cubana*, Salvador Salazar y Roig. La Habana, 1929, p. 179.
Disponible en la biblioteca de la Universidad de la Florida, Gainesville, FL
(3) *Historia de la literatura cubana*, Juan J. Remos y Rubio, 1925. Vol. II. Pp. 170-171.
Disponible en Florida International University, Green Library, Modesto A. Maidique Campus, Miami, FL
(4) Op. cit., p. 20.

(5) *Cromitos cubanos*, Manuel de la Cruz. Biblioteca Calleja, Madrid, 1926, p. 170.
Disponible en Florida International University, Green Library, Modesto A. Maidique Campus, Miami, FL

(6) *Del Monte y Villaverde en Cecilia Valdés*, por José F. Castellanos, Revista de La Habana, p. 315. Disponible en la biblioteca de la Universidad de Yale

(7) Op. cit., p. XXVIII.

(8) Ibid., p. XXIX.

(9) Ibid., p. XXX.

(10) *El penitente, novela histórica cubana*. Nueva York, 1889, prólogo, p. VII. Disponible en la Universidad de Santo Tomás (St. Thomas University), Miami Gardens, FL

(11) Ibid.

Concierto barroco de Carpentier
Comentarios después de releído en el «encierro» 2020

A mediados de 1974, apareció en México la novela *El recurso del método*, de Alejo Carpentier; con esta obra, que despertó admiración, pero también polémicas y críticas adversas, el autor sellaba un periodo de once años de silencio novelístico. De silencio, no de inactividad, porque simultáneamente Carpentier anunciaba que tenía otra novela terminada y una más, muy avanzada en su proceso (1). Justo en noviembre de 1974, apareció la primera de las prometidas: *Concierto barroco* (2), en una muy hermosa edición ilustrada.

Aunque la palabra «novela» aparece con curiosa insistencia en varias partes del libro (en la carátula, en la portada, en la contratapa), al leerlo se descubre muy pronto que este *Concierto* no es ninguna de esas caudalosas y proliferantes narraciones mayores del arte carpenteriano y que es incluso más breve que su novela corta *El acoso*: apenas ochenta y dos páginas de tipo grande, con amplísimos márgenes y numerosas viñetas y dibujos, corresponden mejor a las dimensiones habituales de una *nouvelle*. Pero si la extensión justifica otorgarle esa categoría, menos fácil resultará si se atiende a su estructura. La anécdota es mínima y apenas da para un desarrollo dramático y menos para jugar con un enredo. De hecho, no hay historia sino una ilustración, un cuadro de época captado en todo su esplendor y montado sobre un dato erudito, no sobre una vivencia real o imaginada; el *Concierto barroco* de Carpentier se parece a las viñetas y grabados que lo adornan: una vista fija, pomposa, perfecta, con la que el investigador curioso se satisface como escritor.

Esta «novela» gira en torno a la concepción de la ópera «Montezuma» de Antonio Vivaldi, la primera que toma como tema el Nuevo Mundo. *Concierto Barroco* tiene como telón de fondo el encuentro entre dos continentes. Omnipresente a lo largo de la obra, la música, una de las disciplinas más queridas y dominadas por Carpentier, no sólo articula la fábula y le sirve de medio y vehículo, sino que adquiere al cabo en la obra un papel casi demiúrgico, como lenguaje que funde en una misma realidad —realidad maravillosa— tiempos y espacios, y hace confluir en ella a maestros antiguos y modernos de uno y otro lado del Atlántico. Esta es una obra en cuyas páginas se atesoran, con sorprendente capacidad de concentración, los más señalados virtuosismos propios del ingenio carpenteriano.

Como se sabe, Carpentier es, aparte de novelista, un eminente musicólogo. (*La música en Cuba* es un monumento de consulta obligada para los especialistas.) Los lectores de sus relatos saben además como esas preocupaciones y conocimientos musicales pasan a su obra de imaginación, cómo la enriquecen, cómo se integran admirablemente a ella. *Concierto barroco* es algo distinto: es directamente un tributo a la música, una celebración de la pasión favorita del autor. En realidad, el texto es el resultado de un hallazgo personal de Carpentier que seguramente tiene importantes repercusiones en el mundo musical: el de la ya mencionada ópera *Moctezuma* de Vivaldi, estrenada en Venecia en 1733, o sea «dos años antes de que Rameau escribiera *Las indias galantes*, de ambiente fantasiosamente incaico» (p. 92), anota el escritor. El descubrimiento de esa obra desconocida del maestro barroco (que Carpentier documenta en el apéndice, con el facsímil del programa de estreno y una nota erudita) debió convocar en él otras imágenes queridas y consabidas: la dorada fascinación del siglo XVIII, la realidad americana interpretada por (y trasvasada a) la cultura europea, el enlace del arte con la historia y de la imaginación con el prestigioso pasado, etc. Sólo Carpentier podía interesarse en un tema como éste, sólo Carpentier podía intentar un relato a partir de él: todo en el texto-información, concepción, símbolos, metáforas, sonidos y juegos verbales —es inconfundiblemente suyo.

Dos personajes americanos dominan la primera mitad de la obra: un rico y culto indiano de México y su criado negro, Filomeno. Los motivos carpenterianos empiezan a rotar: la escena primera describe, con exaltada profusión de detalles, la partida del Amo, iniciación narrativa que encontramos en cuentos como «Semejante a la noche» o en novelas como *Los pasos perdidos*. El motivo del viaje se enlaza también aquí, como en *El siglo de las luces*, con el de la tormenta agorera y la peste: «Desde la salida de la Veracruz habían caído sobre la nave todos los cientos encontrados que, en los mapas alegóricos hinchan los carrillos de genios perversos, enemigos de la gente de mar. Con las velas rotas y averías en el casco, maltrecha la crujía, habíase llegado, por fin, a buen puerto, para encontrar La Habana enlutada por una tremenda epidemia de fiebres malignas» (p. 17). Más tarde, el Amo sufre en Madrid la misma decepción de España («triste, deslucida y pobre le parecía esa ciudad, después de haber crecido entre las platas y tezontles de México», p. 27) que sufre el indiano protagonista del cuento «El camino de Santiago», como síntoma de su descolocamiento histórico y cultural. Esa nostalgia americana aún persiste cuando el indiano llega a Venecia, centro físico del relato, pues su disfraz carnavalesco es precisamente el de Montezuma, y hasta por dos veces (p. 38 y 55) evocará burlonamente las calaveras con las que juegan «los chamacos mexicanos en día de Fieles Difuntos». Pero ya esta escena veneciana, pintada con mano maestra, incluye a tres enmascarados cuya identidad descubriremos al comenzar la segunda mitad del relato (cap. V): «el joven napolitano, discípulo de Gasparini» es Doménico Scarlatti, «el sajón» Jorge Federico es Haendel, y el «Fraile Pelirrojo» es Antonio Vivaldi. Estamos ahora en medio del reino de la música.

Creando o recreando un encuentro que pudo ser real, Carpentier construye minuciosamente las tres escenas cumbres de este esfuerzo narrativo: la de los músicos en el Ospedale della Pieta, lugar que tiene algo de teatro, de escuela de música y de centro refinadamente erótico; la del trio, ya bastante ebrio, en el cementerio, que evoca el culteranismo de los temas de conversación de la novela pastoril y las insinuaciones de una novela licenciosa del siglo XVIII; y la del estreno de la ópera misma de Vivaldi, comentada ilustradísimamente por el indiano y su criado (ahora tan musicólogo como él), gracias a lo cual nos enteramos del largo tránsito de la historia de Montezuma, desde una crónica española hasta el maestro veneciano, y de las simpáticas arbitrariedades históricas (un militar azteca convertido en mujer, por ejemplo) del libreto. El más brillante de estos tres cuadros es el primero: una deliciosa y vivaz estampa de una Venecia entregada a una orgia de los sentidos y a una sutil intoxicación del espíritu; y el menos logrado es justamente el último, que debía ser la cúspide del relato, quizás porque lo asfixia la información musicológica y el debate pedantesco. Que, por ejemplo, un esclavo negro del Caribe discuta con Vivaldi no me parece irreal (como parece irreal que Vivaldi compusiese una obra sobre tema mexicano). El arte de Carpentier no es realista, sino alegórico, casi emblemático: sus personajes son figuras arquetípicas de una construcción literaria que debe flotar como un espacio sobre el espacio real; pero a veces, como aquí, la carga informativa, el dato culto y preciosista rasga esa ficción alegórica y la resiente por exceso: la verosimilitud interna del texto y la credulidad del lector se suspenden, y el encanto narrativo desaparece.

A partir del cap. VI otro motivo carpenteriano viene a sumarse al relato y a darle la típica resonancia filosófica que siempre tienen sus creaciones: la problemática del tiempo. Aunque cada rincón de los cuadros este diseñado con un rigor casi fanático, de pronto caemos en el anacronismo total: oímos a Vivaldi opinar sobre Stravinski («Buen músico, pero muy anticuado, a veces, en sus propósitos», p. 53) y al negro Filomeno hablar de una «jam session» (p. 54), lo que confirma en qué nivel de representación artística estamos. El capítulo final es, casi todo él, una reflexión sobre el tiempo y, a partir de eso, sobre la dialéctica América/Europa y la visión utópica, revolucionaria, como destino de nuestro continente. El indiano y Filomeno son los personajes-puente que permiten esos vertiginosos sincretismos de los movimientos culturales. El amo siente otra vez la invencible nostalgia de la lejana América («de pronto, me sentí como fuera de situación, exótico en este lugar, fuera de sitio, lejos de mí mismo de cuanto es realmente mío...A veces es necesario alejarse de las cosas, poner un mar de por medio, para ver las cosas de cerca», p. 76) y descubre la fascinación de lo fabuloso americano porque «todo futuro es fabuloso» (p. 77), mientras el siervo salta literalmente del siglo XVIII al llamado del *spiritual*, del *Go down Moses* en la trompeta de Louis Armstrong, y cae en esta época, dispuesto a volver a América, para hacer la revolución. El concierto barroco termina prefigurando una nueva confusión (un nuevo concierto) de razas, pueblos y tiempos: lo anacrónico se vuelve sincrónico.

Al releerlo, he disfrutado este texto de nuevo, más que como una narración, como un muestrario del estilo y las constantes de Carpentier; el placer que brinda es frío, casi geométrico. Un sector de la crítica (3) insinuó que el acostumbrado «barroco» al que se afilia a Carpentier es más bien un estilo que se acerca al neoclásico, entre el rococó y el neoclásico, diría yo: en medio de los espirales y los brotes verbales que teje el autor, siempre vela la diosa Razón. Paradójicamente, *Concierto barroco* confirma la verdadera naturaleza artística del gran escritor cubano.

Notas

(1) Reportaje reproducido en Casa de las Américas, No. 81, noviembre-diciembre 1973, p. 148-149.

(2) Concierto *barroco,* México: Siglo XXI Editores, 1974, 92 pp. De esta edición he tomado las citas, incluyendo las páginas.

(3) En particular Emir Rodríguez Monegal en El arte de narrar (Caracas, Morte Ávila, 1968), pp. 286-288.

www.ingramcontent.com/pod-product-compliance
Lightning Source LLC
Chambersburg PA
CBHW030525080526
44586CB00011B/320